昆明医科大学马克思主义学院"十四五培育学科——马克思主义理论教育教学研究"专项经费（批准号：J1301842）的研究成果。

·马克思主义研究文库·

"中国马克思主义与当代" 课程教学实训指导

刘小勤　李秋心　宋静 l 主编

光明日报出版社

图书在版编目（CIP）数据

"中国马克思主义与当代"课程教学实训指导 / 刘小勤，李秋心，宋静主编 . -- 北京：光明日报出版社，2023.11

ISBN 978 - 7 - 5194 - 7579 - 6

Ⅰ.①中… Ⅱ.①刘… ②李… ③宋… Ⅲ.①马克思主义—发展—中国—教学研究—高等学校 Ⅳ.①D61

中国国家版本馆 CIP 数据核字（2023）第 250083 号

"中国马克思主义与当代"课程教学实训指导
"ZHONGGUO MAKESI ZHUYI YU DANGDAI" KECHENG JIAOXUE SHIXUN ZHIDAO

主　　编：刘小勤　李秋心　宋　静

责任编辑：史　宁　　　　　　　　责任校对：许　怡　董小花
封面设计：中联华文　　　　　　　责任印制：曹　净

出版发行：光明日报出版社

地　　址：北京市西城区永安路 106 号，100050

电　　话：010-63169890（咨询），010-63131930（邮购）

传　　真：010-63131930

网　　址：http：//book. gmw. cn

E - mail：gmrbcbs@ gmw. cn

法律顾问：北京市兰台律师事务所龚柳方律师

印　　刷：三河市华东印刷有限公司

装　　订：三河市华东印刷有限公司

本书如有破损、缺页、装订错误，请与本社联系调换，电话：010-63131930

开　　本：170mm×240mm

字　　数：181 千字　　　　　　　印　　张：13. 5

版　　次：2024 年 3 月第 1 版　　　印　　次：2024 年 3 月第 1 次印刷

书　　号：ISBN 978 - 7 - 5194 - 7579 - 6

定　　价：85. 00 元

推进思想政治理论课"八个统一"
教学实训指导丛书编委会

主　任：李世碧
委　员：徐庆生　刘翠英　栗　明
　　　　刘小勤　李秋心　尹记远
　　　　和　晶　陈志鹏　郑海涛
主　编：徐庆生
副主编：刘翠英　栗　明

本书编委会

主　编：刘小勤　李秋心　宋　静　徐庆生
副主编：陈志鹏　袁泽民　胡　颖　刘翠英
　　　　栗　明
编　委：徐庆生　刘小勤　李秋心　宋　静
　　　　刘翠英　栗　明　陈志鹏　袁泽民
　　　　胡　颖　者丽艳　禄开辉　张　艳
　　　　尹记远　杨　京　杨黎黎　何　沂

提高政治站位深化改革创新
着力提高思政课铸魂育人水平
（代序）

昆明医科大学党委副书记　　李世碧

近年来，昆明医科大学紧扣为党育人、为国育才，积极贯彻全国高校思想政治工作会议、学校思想政治理论课教师座谈会精神和中央《关于深化新时代学校思想政治理论课改革创新的若干意见》等会议和文件精神，立足医科院校实际，落实立德树人根本任务，在构建全员协同参与的"大思政"格局中提高政治站位，深化改革创新，突出加强思政课主渠道建设。

一、着力加强党对思政课的领导

加强组织领导。学校党委高度重视思想政治课建设，每学期坚持定期研究解决思政课和马克思主义学院建设中的重大问题，学习党中央、教育部和省委、省委教育工委关于新时代思政课改革创新的有关会议和文件精神，做到及时上会研究实施。近年来，研究解决了事关思政课建设发展的机构设置、队伍建设、经费保障等重大问题，为推进思政课改革创新奠定了坚实的基础。制订出台了《昆明医科大学关于深化新时代思想政治理论课改革创新的实施方案》等文件，从学校层面规划思政课和马克思主义学院发展，完善顶层设计。落实学校领导班子成员讲思政课制度，学校领导走进思政课堂，为全校关心和支持思政课起到了较好的示范带动作用。2018年，学校把本科生五门思政课程全部列入校级精品课程，把马克思主义理论学科列为扶持学科加强建设。采取各种举措，把思政课作为重点课程，把马克思主义理论学科作为重点学科，把马克思主义学院作为重点学院的要求落到实处。

经费支持保障更加有力。2017年独立设置马克思主义学院后，为学院的装修改造和办公条件改善提供了充裕的经费保障。按在校生总数生均40元标准划拨思政课建设专项经费，用于教师学术交流、实践研修等，落实了人均2000元/月的思政课教师专项津贴，极大地激发了思政课教师的责任感和使命感。每年在优先划拨马克思主义学院办公经费的同时，2020年学校专门划拨100万元，作为思政课内涵建设专项经费，极大地拉动了思政课内涵建设水平。

队伍建设实现了跨越发展。立足新时代思政课教师配备的新要求，学校党委对思政课教师队伍建设给予优先保障，近三年通过公开招聘、校内调整等形式新进思政课专任教师35人，思政课专任教师配备达到教育部师生比1∶350的要求。目前思政课教师队伍的年龄结构、职称结构更加合理，队伍充满活力。

二、着力加强思政课支撑体系建设

思政课自身建设支撑体系得到加强。制定了符合思想政治理论课教学内在要求、有利于教师职业发展的教学考核评价体系，构建了新的更有针对性的领导评教、专家评教、同行评教、学生评教体系。在职称评定中建立了新的制度，落实了思政课教师职称评定单列的政策要求。把在党报党刊中发表文章列入思政课教师评价和职称评定体系，极大地调动了教师积极性。

思政课主渠道和学生日常思想教育渠道配合机制构建更加完善。学校及时调整充实大学生思想政治工作领导小组和思想政治理论课领导小组，既重视党委统一领导、党政齐抓共管、部门分工负责、全员协同参与的"大思政"格局的构建，又重视思政课主渠道作用的发挥，做到两方面统筹部署、统筹谋划，产生协同效应。在大学生思想政治教育中加强了马克思主义学院和学工、团委等部门的协同配合，如安排思政课教师担任学生理论学习社团的指导教师，在学工和团委组织的学生思想理论教育活动中安排思政课教师担任指导教师，鼓励学历背景符合要求的辅导员兼思政课教学等。把学校有关部门和各学院对思政课的关心、重视和支持纳入学校党建思政工作年度目标考核体系，在全校形成了重视思政课建设发展的浓厚氛围。

思政课程和课程思政协同机制已经形成。学校在突出抓好思政课建设的同时，高度重视课程思政建设，出台了专门的课程思政建设实施方案，着力推进课程思政建设，建设了多门课程思政示范课程，牢固树立全员、全程、全方位育人理念，建立协同育人机制，实现思政课程与课程思政同向同行、同频共振。

三、着力推进思政课内涵建设改革创新

学校充分发挥党建引领作用，在创建一流党建中，积极组织开展思政课教师向曲建武、王展飞学习教育活动，把马克思主义学院基层党组织和党员的战斗堡垒作用和先锋模范作用体现到创建一流思政课堂和"张桂梅思政大讲堂"上来。采取各种举措，积极贯彻新时代思政课教学工作新要求，把习近平总书记关于思政课改革创新"八个统一"的要求落到实处，着力提高习近平新时代中国特色社会主义思想教育实效，提高思政课教学质量，增强学生获得感。

一是积极构建新时代思政课程建设新格局。学校制订下发了新时代思政课教学组织管理改革新方案、思政课社会实践课教学组织方案、思政课形势与政策课教学组织方案，在保障理论课堂教学的同时，划出2学分独立开设了思政课社会实践课，做到了思政课社会实践课学生全覆

盖。采取课堂教学、专题报告和线上教学相结合的方式，做到了"形势与政策"课从低年级到高年级全程覆盖。在加强思政课必修课内涵建设的同时，开设了"四史"选择性必修课，积极探索建设思政课选择性必修课程群。

二是坚持在守正和创新两方面着力。学校思政课坚持在教学内容上守正，坚持使用思政课"马工程"规范教材；坚持在教学安排上守正，开足课程，给足学时学分，坚持中班教学和在正课时段安排教学；坚持在教学过程上守正，严明课堂教学纪律要求。在守正基础上，按"八个统一"的要求着力推进教学组织、手段、方式方法等改革创新。

三是抓实理论课堂、网络课堂、社会实践大课堂三个课堂。重视从教材体系到教学体系的转变，在强化教研室集体备课的同时，坚持学院每学期集体备大课制度，重大时政教育适时安排专题备课；突出"一课一品"课堂教学活动，抓实课堂讨论、学生讲思政课、课题研究成果分享等课堂教学环节，激活课堂教学，提高教学成效；坚持学生同行、专家、领导四方八面评教，完善教学监控，建设了学生思政课网络自主学习平台，构建"平时成绩+自主学习形成性考核+课程考试"相结合的课程考核模块；推进课堂现代网络技术运用，引进中成智慧课堂模式，探索推进线上和线下相结合的教学改革。开设了学生思政课社会实践课，与学生社会实践活动和志愿服务活动相结合，与团学组织日常教育活动相结合，开展实践教学，为学生班级配备了专门的思政课社会实践课指导教师，核定学时学分，做到思政课实践教学全覆盖。

四是注重做好重大时政专题、医学人文和医德医风、民族宗教观、先进典型四方面的融入教育。及时把习近平总书记考察云南重要讲话精神、中美贸易摩擦、意识形态专项工作、扫黑除恶、疫情防控等融入思政课教学，回应学生对社会热点的关切。适应医学生特点，在各门思政课程理论教学中，注重融入医学、医疗元素，融入医学、人文和医德医风教育，处理好医科院校思政课教学中的共性和个性问题，增强思政课对医学生的吸引力。2020年以来，抓住疫情防控的契机，发挥医科院校的优势，组织开展了覆盖全校学生的线上和线下相结合的100多场抗疫思政课专题教学。

近年来，学校思政课改革创新取得了显著成效。有三门课程入选省级精品课程和优质课程。一名教师在五省区教学比赛中获得第一名，多名教师在省级思政课教学比赛中获奖。

目　录
CONTENTS

导　　论

一、理论知识概要

（一）知识结构

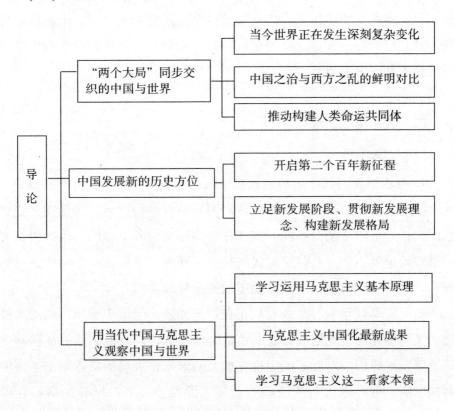

导论
- "两个大局"同步交织的中国与世界
  - 当今世界正在发生深刻复杂变化
  - 中国之治与西方之乱的鲜明对比
  - 推动构建人类命运共同体
- 中国发展新的历史方位
  - 开启第二个百年新征程
  - 立足新发展阶段、贯彻新发展理念、构建新发展格局
- 用当代中国马克思主义观察中国与世界
  - 学习运用马克思主义基本原理
  - 马克思主义中国化最新成果
  - 学习马克思主义这一看家本领

（二）理论知识

本章"导论"课是本课程的总纲，主要阐释了以下问题：时代潮流和时代特征是我们今天观察和认识当代中国与世界的客观依据；当今中国所处的历史方位是我们认识和处理当代中国与世界关系的立足点；当代中国马克思主义是把握时代、引领潮流的看家本领。

当代中国马克思主义是 21 世纪的马克思主义，根本上就在于世界百年未有之大变局与中华民族伟大复兴的战略全局的历史性交汇，使中国特色社会主义成为世界历史性的事业。"两个大局"在同一时空下同步交织，形成相互激荡的历史性交汇，成为最独特的时代景观，表明了当代中国与世界的深度融合。一方面，世界的百年变局越来越成为中国必须面对的客观现实，成为中华民族实现伟大复兴绕不过的机遇与挑战。另一方面，中华民族伟大复兴的事业已经越来越超出一个国家的界限，日益成为影响和推动世界格局向好的力量。这是我们观察当代中国与世界的基本出发点。

二、教学重点、难点

（一）教学重点：

1. 习近平新时代中国特色社会主义思想是当代中国马克思主义

第一，人类的一切社会实践活动都不是盲目的活动，而是在一定思想理论指导下的活动。不同时代的社会实践活动各不相同，因此所需要的思想理论也不一样。每个时代的社会实践都需要符合这个时代的思想理论，只有这样的思想理论才能正确的指导社会实践。

当今世界百年未有之大变局正在加速演进，经济全球化、政治多极化、文明多样性遭遇挑战，新冠疫情全球蔓延，局部地区的战乱和冲突持续爆发。我们面对着不确定性在加大的未来，人类面临着向何处去的时代之问，世界进入新的动荡变革期。世界怎么了？世界的前途在哪里？这是世界之变和时代之问。

与此同时，我国在稳步推进中华民族伟大复兴的历史进程。中国全面建成小康社会，成功实现了第一个百年奋斗目标，趁势而上开启全面建设社会主义现代化国家新征程，向着第二个百年奋斗目标进军。

第二，马克思主义是认识世界和改造世界的强大思想武器。"要立足时代特点，推进马克思主义时代化，更好运用马克思主义观察时代、解读时代、引领时代，真正搞懂面临的时代课题，深刻把握世界历史的脉络和走向。"[1] 习近平新时代中国特色社会主义思想，立足于不断发展的社会实践，对时代课题做出了最系统、最透彻和最深刻的解答，是马克思主义中国化最新成果，是当代中国最鲜活的马克思主义。

在当今时代，中国特色社会主义积累了新的实践成果，马克思主义中国化取得了新的重大进展。习近平新时代中国特色社会主义思想的体系完整、逻辑严密、内涵丰富、博大精深，是当代中国马克思主义、21世纪马克思主义，为新时代坚持和发展中国特色社会主义高高举起了精神旗帜，这一思想从世界之变与中国之治、时代之问与中国之答的高度，为推进世界和平和人类进步提供了中国智慧、中国方案。我们要运用习近平新时代中国特色社会主义思想去认识当代，认识世界，观察世界，从而正确理解马克思主义与当代的关系、中国与世界的关系。

（二）教学难点：

如何运用习近平新时代中国特色社会主义思想，特别是近三年来习近平系列重要论述看待当代世界与中国。（参阅本章阅读文献）

1. 中国与世界，世界与中国需要相互融合

中国的发展离不开世界，世界的发展也同样离不开中国。中国与世界发展进步的历史都已经充分证明：中国的发展得益于世界提供的重大

---

[1]　习近平．习近平谈治国理政：第三卷［M］．北京：外文出版社，2017：66．

历史机遇，而不断发展的中国又为世界带来重要发展机遇。世界与中国，中国与世界是对立统一的关系，彼此虽然有区别，但二者同样不可分割。所以，实现中华民族伟大复兴是当代世界不可阻挡的历史潮流，和平、发展、合作、共赢同样是当代世界不可逆转的时代潮流。

2. 习近平新时代中国特色社会主义思想是我们认识当代中国，认识世界，观察世界的思想武器

当今世界正处在前所未有的深刻而复杂的大变动中，而中国在新时代中国特色社会主义思想的指引下正处于近代以来最好的发展时期。"两个大局"同步交织、相互激荡，历史呈现风云变幻的多面性，世界"向何处去"成为人们的困惑。我们要坚持以当代中国马克思主义的立场、观点、方法分析把握历史大势，树立大历史观，从历史长河、时代大潮、全球风云中分析演变机理，探究历史规律，提出因应的战略策略，正确处理中国和世界的关系。

第一，用习近平新时代中国特色社会主义思想去深入把握当代中国与世界关系的基本面。

第二，用习近平新时代中国特色社会主义思想准确把握历史发展趋势和时代脉搏。

三、教学案例

案例 1　马克思主义是认识世界和改造世界的强大思想武器

【案例呈现】

材料 1："马克思给我们留下的最有价值、最具影响力的精神财富，就是以他名字命名的科学理论——马克思主义。这一理论犹如壮丽的日出，照亮了人类探索历史规律和寻求自身解放的道路。"

——习近平：在纪念马克思诞辰 200 周年大会上的讲话

材料 2："马克思主义是科学的理论，创造性地揭示了人类社会发展

规律。"

——习近平：在纪念马克思诞辰 200 周年大会上的讲话

材料 3：马克思主义是我们立党立国的根本指导思想，是我们党的灵魂和旗帜。中国共产党坚持马克思主义基本原理，坚持实事求是，从中国实际出发，洞察时代大势，把握历史主动，进行艰辛探索，不断推进马克思主义中国化时代化，指导中国人民不断推进伟大社会革命。

——习近平：在庆祝中国共产党成立 100 周年大会上的讲话

材料 4：马克思主义为人类社会发展进步指明了方向，是我们认识世界、把握规律、追求真理、改造世界的强大思想武器。同时，马克思主义理论不是教条，而是行动指南，必须随着实践的变化而发展。马克思主义能不能在实践中发挥作用，关键在于能否把马克思主义基本原理同中国实际和时代特征结合起来。面对快速变化的世界和中国，如果墨守成规、思想僵化，没有理论创新的勇气，不能科学回答中国之问、世界之问、人民之问、时代之问，不仅党和国家事业无法继续前进，马克思主义也会失去生命力、说服力。当代中国正在经历人类历史上最为宏大而独特的实践创新，改革发展稳定任务之重、矛盾风险挑战之多、治国理政考验之大都前所未有，世界百年未有之大变局深刻变化前所未有，提出了大量亟待回答的理论和实践课题。我们要准确把握时代大势，勇于站在人类发展前沿，聆听人民心声，回应现实需要，坚持解放思想、实事求是、守正创新，更好把坚持马克思主义和发展马克思主义统一起来，坚持用马克思主义之"矢"去射新时代中国之"的"，继续推进马克思主义基本原理同中国具体实际相结合、同中华优秀传统文化相结合，续写马克思主义中国化时代化新篇章。

——习近平"续写马克思主义中国化时代化新篇章"①

【案例思考】马克思主义有什么理论价值？中国意义？当代价值？

---

① 习近平．习近平谈治国理政：第四卷［M］．北京：外文出版社，2022：29．

【案例分析】

马克思主义的理论价值：马克思主义对世界的价值和意义集中体现在它不同于其他任何理论的立场、观点和方法。习近平总书记在阐述马克思主义的鲜明特征时说："马克思主义博大精深，归根到底就是一句话，为人类求解放。"① 马克思在理论和实践中时刻关注和思考人类的命运，他的所有著作都充溢着对人类命运的强烈关怀，展示出其他任何思想都不具有的胸怀和格局。

马克思主义的理论价值和优秀品格：习近平总书记在纪念马克思诞辰200周年大会上的讲话中做了科学的总结："马克思主义是科学的理论，创造性地揭示了人类社会发展规律"，"马克思主义是人民的理论，第一次创立了人民实现自身解放的思想体系"，"马克思主义是实践的理论，指引着人民改造世界的行动"，"马克思主义是不断发展的开放的理论，始终站在时代前沿"。纵观人类思想发展史，没有哪种思想能如马克思主义这般对整个世界历史发展和变革产生如此深远的影响。直到今天，马克思主义仍然是分析当今世界的科学工具。

马克思主义的中国意义："马克思主义的命运早已同中国共产党的命运、中国人民的命运、中华民族的命运紧紧连在一起。"② 马克思主义对于中国，不仅是认识世界、改造世界的重要理论，更是指引中国由屈辱、落后逐渐走向繁荣、富强的明灯。中国自从有了马克思主义，我国革命和建设才有了正确的行动指南，也正是在马克思主义的科学指导下，中国取得了举世瞩目的历史性成就，谱写了中国特色社会主义的新篇章。

马克思主义的当代价值：马克思主义是不断发展的开放的理论，始终站在时代前沿，马克思主义能够永葆青春，不断探索时代发展提出的

---

① 习近平. 在纪念马克思诞辰200周年大会上的讲话 [EB/OL]. 新华网，2018-05-04.
② 习近平. 在纪念马克思诞辰200周年大会上的讲话 [EB/OL]. 新华网，2018-05-04.

新课题，回应人类社会面临的新挑战。所以，马克思主义仍然是具有重大国际影响的思想体系和话语体系。

今天，世界经济虽然在高速发展，但两极分化不断加剧、文明冲突逐步升级、生态环境不断恶化，这让越来越多的学者将目光转向马克思主义，反思资本主义的弊端，寻找正确的发展道路。尽管有学者鼓吹马克思主义"过时论"，但人类社会至今仍然生活在马克思所阐明的发展规律之中，马克思主义仍然对现实具有很强的指导意义，这一点已经成为更多人的共识。

中国在马克思主义指导下所取得的伟大成就，尤其是中国特色社会主义步入新时代，马克思主义中国化取得了新的理论成果，吸引了全世界越来越多的人投身到马克思主义的学习和研究中去。如今在国内外学术研究中，从事马克思主义研究的机构、团体、论坛纷纷设立，研究人员的数量不断上升，这都直接说明了马克思主义对整个世界的影响与日俱增。

在当今时代，中国特色社会主义积累了新的实践成果，马克思主义中国化取得了新的重大进展。习近平新时代中国特色社会主义思想，体系完整、逻辑严密、内涵丰富、博大精深，是当代中国马克思主义、21世纪马克思主义，为新时代坚持和发展中国特色社会主义高高举起了精神旗帜，这一思想从世界之变与中国之治、时代之问与中国之答的高度，为推进世界和平和人类进步提供了中国智慧、中国方案。我们要运用习近平新时代中国特色社会主义思想去认识当代，认识世界，观察世界，从而正确理解马克思主义与当代的关系、中国与世界的关系。

【教学建议】建议用在第三节第一目"学习运用马克思主义基本原理"的教学中。

案例2　立足历史交汇期深刻把握"两个大局"

【案例呈现】

材料1：2021年1月11日，习近平总书记在省部级主要领导干部

7

专题研讨班开班式上的重要讲话,"立足中华民族伟大复兴战略全局和世界百年未有之大变局,不断提高政治判断力、政治领悟力、政治执行力,心怀'国之大者',不断提高把握新发展阶段、贯彻新发展理念、构建新发展格局的政治能力、战略眼光、专业水平,敢于担当、善于作为,把党中央决策部署贯彻落实好"①。

材料2:"不谋万世者,不足谋一时;不谋全局者,不足谋一域。"

——〔清〕陈澹然《寤言二·迁都建藩议》

【案例讨论】

1. 什么是"两个大局"?

2. 如何立足历史交汇期深刻把握"两个大局"?

【案例分析】

1. "两个大局"

中华民族伟大复兴战略全局——

一百年来,中国共产党团结带领中国人民进行的一切奋斗、一切牺牲、一切创造,归结起来就是一个主题:实现中华民族伟大复兴。这一伟大梦想贯通历史、现实与未来。

习近平在庆祝中国共产党成立100周年大会上的讲话中代表党和人民庄严宣告:"经过全党全国各族人民持续奋斗,我们实现了第一个百年奋斗目标,在中华大地上全面建成了小康社会,历史性地解决了绝对贫困问题,正在意气风发向着全面建成社会主义现代化强国的第二个百年奋斗目标迈进。这是中华民族的伟大光荣!这是中国人民的伟大光荣!这是中国共产党的伟大光荣!"

世界百年未有之大变局——

当今世界百年未有之大变局正在加速演进,经济全球化、政治多极化、文明多样性遭遇挑战,全球局部地区的战乱和冲突持续爆发。我们

---

① 习近平. 习近平谈治国理政:第四卷[M]. 北京:外文出版社,2022:47.

面对着不确定性在加大的未来，人类面临着向何处去的时代之问，世界进入新的动荡变革期。当今世界呈现出一系列前所未有的新特征：

第一，国际力量对比的革命性变化前所未有。

第二，新一轮科技革命和产业变革带来的新陈代谢和激烈竞争前所未有。

第三，全球治理体系与国际形势变化的不适应、不对称前所未有。

2. 立足历史交汇期深刻把握"两个大局"

明确方位才能找准方向，把握大势才能赢得未来。发展方位是我们党制定科学的理论、路线、方针、政策的逻辑前提和实践依据，呈现出鲜明的时代特征。正确认识党和人民事业所处的历史方位和发展阶段，是我们党明确阶段性中心任务、制定路线方针政策的根本依据，也是我们党领导中国革命、建设、改革不断取得胜利的宝贵经验。我们实现了第一个百年奋斗目标，在中华大地上全面建成了小康社会，历史性地解决了绝对贫困问题，正在意气风发向着全面建成社会主义现代化强国的第二个百年奋斗目标迈进。这标志着我国进入了一个新的发展阶段。这是以习近平同志为核心的党中央做出的重大战略判断，进一步明确了"两个一百年"历史交汇期我国的发展方位。

"两个一百年"时空转换，体现出战略转换、战略接续、战略深化和战略展开。在战略布局的表述上，从"全面建成小康社会"到"全面建设社会主义现代化"，反映出我们党在党和国家事业总体布局上的战略思维、系统思维、前瞻思维和对发展阶段性认识的与时俱进和不断深化。

不谋万世者，不足谋一时；不谋全局者，不足谋一域。当前，两个大局呈同步交织、相互激荡之势。历史的纵深，铸就了中华民族伟大复兴战略全局的高度，机遇与挑战并存。我们要胸怀"两个大局"，坚持"我国发展仍然处于重要战略机遇期"的基本判断，把握"机遇和挑战都有新的发展变化，机遇和挑战之大都前所未有，总体上机遇大于挑战"的基本特征，把握"时与势在我们一边"的基本态势，准确识变、科学应变、主动求变，在危机中育先机、于变局中开新局，全力办好自己的事情。站在"两个一百年"奋斗目标的历史交汇点上，我们既要树立强烈的历史机遇意识和风险忧患意识，也要坚定保持战略定力、战略自信和战略耐心，集中精力做好自己的事，在大变局中奋力谱写中华民族伟大复兴新篇章。

【教学建议】可用在"深入把握当代中国与世界关系的基本面"的教学中。

案例3　在构建人类命运共同体中展现中国担当

【案例呈现】

材料1：恩格斯在《德意志意识形态》中就指出："各个相互影响的活动范围在这个发展进程中越是扩大，各民族的原始封闭状态由于日益完善的生产方式、交往以及因交往而自然形成的不同民族之间的分工消灭得越是彻底，历史也就越是成为世界历史。"① 历史和现实日益证明这个预言。

材料2：2013年3月，习近平在莫斯科国际关系学院发表演讲时指出："这个世界，各国相互联系、相互依存的程度空前加深，人类生活在同一个地球村里，生活在历史和现实交汇的同一个时空里，越来越成为你中有我、我中有你的命运共同体。"②

材料3："人类命运共同体，顾名思义，就是每个民族、每个国家的前途命运都紧紧联系在一起，应该风雨同舟，荣辱与共，努力把我们生于斯、长于斯的这个星球建成一个和睦的大家庭，把世界各国人民对美好生活的向往变成现实。"③

---

① 习近平. 习近平谈治国理政：第三卷［M］. 北京：外文出版社，2020：46.
② 习近平. 习近平谈治国理政：第一卷［M］. 北京：外文出版社，2018：272.
③ 习近平. 习近平谈治国理政：第三卷［M］. 北京：外文出版社，2020：433.

材料4：2021年7月6日晚，中共中央总书记、国家主席习近平在北京以视频连线方式出席中国共产党与世界政党领导人峰会并发表主旨讲话。习近平强调，大时代需要大格局，大格局呼唤大胸怀。从"本国优先"的角度看，世界是狭小拥挤的，时时都是"激烈竞争"。从命运与共的角度看，世界是宽广博大的，处处都有合作机遇。我们要倾听人民心声，顺应时代潮流，推动各国加强协调和合作，把本国人民利益同世界各国人民利益统一起来，朝着构建人类命运共同体的方向前行。

——2021年07月06日｜来源：新华社微博

【案例讨论】

1. 为什么构建人类命运共同体是不可阻挡的时代趋势？
2. 如何在构建人类命运共同体中展现中国担当？

【案例分析】

首先，人类是一个整体，地球是一个家园。恩格斯在谈到事物普遍联系的"辩证图景"时指出，"当我们通过思维来考察自然界或人类历史或我们自己的精神活动的时候，首先呈现在我们眼前的，是一幅由种种联系和相互作用无穷无尽地交织起来的画面"。联系是一切物质的固有属性和存在方式，是唯物辩证法的基本主张和基本观点，也是物质、辩证法的总特征之一。联系是指事物内部各要素之间和事物之间相互影响、相互制约、相互作用的关系。世界上没有孤立存在的事物，每一种事物都是在与其他事物的联系中存在的。第一，联系的普遍性是指世界上的任何事物都同其他事物联系着；第二，每一事物的各个要素和环节也同其他要素和环节联系着；第三，整个世界是一个相互联系的统一整体和过程。

随着经济社会的发展，尤其是通信技术和交通技术的发展，世界各地的人们相互之间的联系和交流越来越迅速，好像能做到面对面的交流和沟通，缩小了地球上的时空距离，国际交往日益频繁便利，因而马歇尔·麦克卢汉在20世纪60年代第一次创造而形象地使用了"地球村"

概念。

人类是一个整体，地球是一个家园。当今世界，各国人民前途命运越来越紧密地联系在一起，任何人任何国家都无法独善其身，人类需要同舟共济，构建人类命运共同体，共同维护和促进世界和平与发展。

其次，构建人类命运共同体。今天，人类社会再次面临何去何从的历史当口，是敌视对立还是相互尊重？是封闭脱钩还是开放合作？是零和博弈还是互利共赢？世界面临新的选择。2013年，习近平首次提出构建人类命运共同体的倡议。2013年3月，习近平在莫斯科国际关系学院发表演讲时指出："这个世界，各国相互联系、相互依存的程度空前加深，人类生活在同一个地球村里，生活在历史和现实交汇的同一个时空里，越来越成为你中有我、我中有你的命运共同体。"[①] 此后，习近平在多个重要国际场合对人类命运共同体进行了阐发。习近平出席博鳌亚洲论坛2015年年会时，提出了"通过迈向亚洲命运共同体，推动建设人类命运共同体"的倡议。2018年10月，习近平向第八届北京香山论坛致贺信中指出，中国坚持共同、综合、合作、可持续的新安全观，愿以更加开放的姿态与各国同心协力，以合作促发展、以合作促安全，推动构建人类命运共同体。2021年7月，习近平在中国共产党与世界政党领导人峰会上发表主旨讲话，对人类命运共同体进一步做出深刻阐发，倡导各国加强协调和合作，把本国人民利益同世界各国人民利益统一起来，朝着构建人类命运共同体的方向前行。

构建人类命运共同体理念集中反映了和平、发展、公平、正义、民主、自由的全人类共同价值，受到国际社会高度赞赏和广泛认同。2017年2月，联合国社会发展委员会第五十五届会议首次将构建人类命运共同体理念写入联合国决议。2017年11月，构建人类命运共同体理念首次被纳入联合国安全决议。在全球抗击新冠疫情过程中，构建人类命运

---

① 习近平．习近平谈治国理政：第一卷［M］．北京：外文出版社，2018：272.

共同体理念更加受到高度评价和热烈响应，在国际社会产生了广泛而深远的影响。要进一步推动构建人类命运共同体，就必须弘扬全人类共同价值，以宽广胸怀理解不同文明对价值内涵的认识，尊重不同国家人民对价值实现路径的探索，最大限度凝聚国际社会共识，做全人类共同价值的倡导者。

最后，构建人类命运共同体的主要内容和实践路径。事实证明，这一倡议顺潮流、得人心，是应对当代世界复杂多变局面的一剂良方。"人类命运共同体，顾名思义，就是每个民族、每个国家的前途命运紧紧联系在一起，应该风雨同舟，荣辱与共，努力把我们生于斯、长于斯的这个星球建成一个和睦的大家庭，把世界各国人民对美好生活的向往变成现实。"① 构建人类命运共同体是不可阻挡的时代趋势。构建人类命运共同体思想，是一个科学完整、内涵丰富、意义深远的思想体系，内涵极其丰富深刻，其核心就是党的十九大报告所指出的：建设持久和平、普遍安全、共同繁荣、开放包容、清洁美丽的世界。这个倡议的提出，为陷入迷茫的当今国际关系，为纷争不已的世界各国，指明了共同发展、共同进步、共同安全、共同繁荣发展的前进方向和现实途径。

中国共产党和中国人民，立足世界和平与发展这一主题，秉持和平共处五项原则，提出推动构建人类命运共同体理念。习近平指出："只要坚持走和平发展道路，同各国人民一道推动构建人类命运共同体，就一定能够迎来人类和平与发展的美好未来！"②

构建人类命运共同体，提倡创新、协调、绿色、开放共享的发展观，践行共同、综合、合作、可持续的安全观，秉持开放、融通、互利、共赢的合作观，树立平等、互鉴、对话、包容的文明观，坚持共商共建共享的全球治理观。

---

① 习近平．习近平谈治国理政：第三卷［M］．北京：外文出版社，2020：433．
② 习近平．在纪念中国人民志愿军抗美援朝出国作战 70 周年大会上的讲话［M］．北京：人民出版社，2020：13．

一是要坚持对话协商，建设持久和平的世界。也就是说，在政治上，要相互尊重、平等协商，坚决摒弃冷战思维和强权政治，走对话而不对抗、结伴而不结盟的国与国交往新路。要相互尊重、平等协商，摒弃冷战思维、集团对抗。坚持和平共处五项原则，"始终坚持平等民主、兼容并蓄，尊重各国自主选择社会制度和发展道路的权利，尊重文明多样性"。大国之间需要相互尊重彼此核心利益和重大关切，努力构建不冲突不对抗、相互尊重、合作共赢的新型关系。大国对小国要平等相待，不恃强凌弱。通过平等协商处理国家间的矛盾分歧，共同发展、和平共处。

二是要坚持共建共享，建设普遍安全的世界。坚持以对话解决争端、以协商化解分歧，反对以牺牲别国安全换取自身绝对安全的做法，统筹应对传统和非传统安全威胁，反对一切形式的恐怖主义，实现普遍安全。应以对话协商、互利合作的方式解决安全难题。

三是要坚持合作共赢，建设共同繁荣的世界。要实现各国经济社会协同进步，解决发展不平衡带来的问题，缩小发展差距，促进共同繁荣；拒绝自私自利、短视封闭的狭隘政策，维护世界贸易组织规则，支持维护开放、透明包容、非歧视的多边贸易体制，构建开放型世界经济。

四是要交流互鉴，建设开放包容的世界。要尊重世界文明多样性，以文明交流超越文明隔阂，以文明互鉴超越文明冲突，以文明共存超越文明优越。促进和而不同、兼收并蓄的文明交流对话，加强双边和多边框架内文化、教育、旅游、青年、媒体、卫生、减贫等领域合作，使文明交流互鉴成为增进各国人民友谊的桥梁、推动人类社会进步的动力、维护世界和平的纽带。

五是要坚持绿色低碳，建设清洁美丽的世界。要坚持环境友好，合作应对气候变化，保护好人类赖以生存的地球家园。牢固树立尊重自然、顺应自然、保护自然的意识，实现世界的可持续发展和人的全面发展。加强环境领域的交流合作，共享经验、共迎挑战，坚持走绿色、低碳、循环、可持续发展之路，构筑尊崇自然、绿色发展的全球生态体系。

构建人类命运共同体，是中国为人类世代接续发展履行本代人责任的自觉行为。构建人类命运共同体理念，站在历史和时代的高度，从中国与世界共同利益、全人类前途命运出发，深刻回答了"建设一个什么样的世界，怎样建设这个世界"的时代之问，为解决世界如何维护持久和平、实现共同发展的历史难题提供了中国理念、中国智慧和中国方案，是当代中国对世界的重要思想和理论贡献。这一理念是马克思主义唯物史观所揭示的人类社会发展规律的必然要求，既继承和发展了新中国不同时期的重大外交思想和政策实践，与中华优秀传统文化一脉相承，又充分体现了全人类共同价值，展现了中国特色社会主义道路自信、理论自信、制度自信、文化自信，体现了中国将自身发展同世界发展相统一的全球视野、世界胸怀和大国担当，具有强大的理论吸引力、思想感召力和实践生命力。

【教学建议】可用在第一节"推动构建人类命运共同体"内容的教学中。

案例4　中国理念、中国智慧、中国方案

【案例呈现】

材料1：马克思主义深刻揭示了自然界、人类社会、人类思维发展的普遍规律，为人类社会发展进步指明了方向。

——2016年5月17日，习近平在哲学社会科学工作座谈会上的讲话

材料2："立足自身国情和实践，从中华文明中汲取智慧，博采东西方各家之长，坚守但不僵化，借鉴但不照搬，在不断探索中形成了自

己的发展道路。"①

材料3：习近平总书记在庆祝中国共产党成立95周年大会上的讲话中指出："中国共产党人和中国人民完全有信心为人类对更好社会制度的探索提供中国方案。"在"7·26"重要讲话中，习近平总书记进一步阐述了中国特色社会主义的世界意义。指出："中国特色社会主义拓展了发展中国家走向现代化的途径，为解决人类问题贡献了中国智慧、提供了中国方案。"

【案例讨论】如何理解中国为世界提供了中国理念、中国智慧和中国方案？

【案例分析】

人类社会的每一次进步，人类思想的每一次飞跃，也都是伴随着理论和实践的相互激荡、共进同行的。

19世纪上半叶，资本主义时代的急剧变化，迫使人们对一些深层次的问题进行反思，其中最重要的问题就是：陷入经济、政治和社会发展困境的资本主义究竟向何处去？19世纪40年代至60年代，马克思和恩格斯创立的新的无产阶级世界观，即后来用它的创始人之一命名的马克思主义，对资本主义时代发展提出的理论课题做出了科学的论述，揭开了人类思想史的新篇章。列宁继承和发展了马克思主义，并把马克思主义的科学社会主义理论变成了现实。十月革命一声炮响，给中国送来了马克思列宁主义。"十月革命帮助了全世界的也帮助了中国的先进分子，用无产阶级的宇宙观作为观察国家命运的工具，重新考虑自己的问题。"中国共产党从成立起，就把马克思列宁主义确立为指导思想。然而，找到了马克思列宁主义崭新的思想武器，并不意味着就能够自然而然地解决中国革命所面临的问题，还必须把马克思主义基本原理同中国的具体实际相结合，实现马克思主义的中国化。正是在不断探索把马克

---

① 习近平. 习近平谈治国理政：第二卷［M］. 北京：外文出版社，2017：482.

思主义基本原理同中国具体实际相结合中，我们产生了毛泽东思想、邓小平理论、"三个代表"重要思想、科学发展观、习近平新时代中国特色社会主义思想，丰富和发展了马克思主义。

当今世界处于百年未有之大变局，自 2008 年金融危机爆发以来，西方世界乱象频发，到今天也没有停止的迹象，反而有愈演愈烈之势，政党恶斗、增长乏力、社会分裂、抗疫不力等成为困扰西方世界的不解难题。反观中国，"风景这边独好"。中国日益走近世界舞台的中央。身处新时代，世界怎么变，中国怎么办？世界需要新的方向、新的方案、新的选择。世界需要中国智慧、中国理念和中国方案。

面对动荡复杂的外部环境，当代中国正经历着我国历史上最为广泛而深刻的社会变革，也正进行着人类历史上最为宏大而独特的实践创新。我们坚持稳中求进，开拓进取，发展速度举世惊叹，前所未有地接近中华民族伟大复兴的光明前景。新中国成立 70 多年来，中国共产党建立完善社会主义制度，加强完善国家治理体系，创造性地解决了一系列很不容易解决的问题，如超大国家长期稳定和快速发展的问题、社会平等问题、民族和谐问题、消除绝对贫困问题等；创造性地处理了一系列很不容易处理的关系，如市场与政府，公平与效率，党长期执政与广泛的民主参与、权力监督等，取得了改革开放和社会主义现代化建设的历史性成就，中国特色社会主义进入新时代，中国开启全面建设社会主义现代化强国的新征程，中国的治理理念和实践受到高度赞赏和广泛认同。

理论因其科学而具有穿透力，思想因其丰富而充满解释力。习近平新时代中国特色社会主义思想，紧紧围绕坚持和发展中国特色社会主义，提出了一系列具有开创性意义的新理念、新思想、新战略，涵盖经济建设、政治建设、文化建设、社会建设、生态文明建设和党的建设各个领域，涉及改革发展稳定、内政外交国防、治党治国治军等各方面，是一个系统完备、逻辑严密和特色鲜明的科学理论体系。

中国特色社会主义对世界现代化的历史意义。作为世界上的人口大国，中国在现代化道路上取得的伟大成就，既对本国人民具有重要意义，也对人类文明进步做出了重大贡献；作为世界上最大的发展中国家，中国在后发现代化道路上的发展经验，为其他发展中国家提供了重要参照；作为一个社会主义国家，中国在社会主义现代化道路上的成功探索，对于世界社会主义运动具有积极推动作用。毋庸讳言，中国模式在世界现代化的历史进程中具有重要意义。

履不必同，期于适足，治不必同，期于利民。我们既然一再强调走自己的路，就决不会以任何理由要求别国照搬我们的发展模式。中国共产党人高度尊重人类社会发展的差异性和发展模式的多样性，坚决反对价值观输出。但是，我们也不应否认，不同的发展模式在彼此尊重的同时，可以而且应该相互借鉴、取长补短，在求同存异中共同发展。从这种意义上讲，中国特色社会主义的发展经验对其他发展中国家具有一定借鉴作用。

对世界社会主义运动复兴的示范性影响。中国特色社会主义现代化道路，既坚持了科学社会主义的基本原理，又体现了中国共产党人的伟大创造；既符合世界现代化发展的大趋势，又具有鲜明的中国特色。中国特色社会主义的成功，有利于重塑和增强人们对社会主义的信心，世界范围内"马克思主义热"和"社会主义热"再度兴起。世界社会主义和左翼力量进一步壮大，世界上正视和相信马克思主义和社会主义的人多了起来，使世界范围内发生了有利于马克思主义、社会主义的深刻转变。

为解决人类问题贡献了中国理念、中国智慧和中国方案。中国特色社会主义进入新时代，意味着科学社会主义在21世纪的中国焕发出强大生机活力，在世界上高高举起了中国特色社会主义伟大旗帜；拓展了发展中国家走向现代化的途径，给世界上那些既希望加快发展又希望保持自身独立性的国家和民族提供了全新选择。长期以来，西方国家制造的一个"神话"，就是把西方国家的发展模式吹成"普世价值"，鼓吹现代化即西方化。一些发展中国家追随西方的发展理念和现代化道路，到头来并没有解决发展问题，有的甚至引发社会动荡、战乱不断、民不聊生。一些原社会主义国家选择走西方道路，结果大多数发展缓慢、困难重重。中国打破了"国强必霸"的逻辑和后发展国家必然沦为西方附庸的怪圈，在积极融入世界发展中保持自身独立性，"立足自身国情和实践，从中华文明中汲取智慧，博采东西方各家之长，坚守但不僵化，借鉴但不照搬，在不断探索中形成了自己的发展道路"①，成功走出了一条独具特色的社会主义现代化道路，打破了发展中国家对西方国家现代化的"路径依赖"。中国的实践向世界说明了一个道理：世界上没有一种普遍适用的发展模式，西方模式不是实现现代化的唯一模式，各国完全可以走出适合自己的发展道路。中国为解决人类问题贡献了中国理念、中国智慧和中国方案。

【教学建议】可用在第二节"中国特色社会主义进入新时代及其世界意义"的教学中。

案例5　用当代中国马克思主义观察中国与世界

【案例呈现】

材料1：恩格斯说："一个民族要想站在科学的最高峰，就一刻也不能没有理论思维。"②

材料2：习近平："要立足时代特点，推进马克思主义时代化，更好运用马克思主义观察时代、解读时代、引领时代，真正搞懂面临的时代课题，深刻把握世界历史的脉络和走向。"③

【案例思考】新时代，用什么来观察中国与世界？

---

① 习近平.习近平谈治国理政：第二卷［M］.北京：外文出版社，2017：482.
② 习近平.习近平谈治国理政：第三卷［M］.北京：外文出版社，2012：875.
③ 习近平.习近平谈治国理政：第二卷［M］.北京：外文出版社，2017：66.

【案例分析】

当代中国马克思主义是科学的世界观和方法论，是我们观察中国与世界的强大思想武器。

新时代，要全面把握当代中国与世界的关系，要认清世界大势，科学研判社会走向，就一刻也离不开有力的理论武器和科学的思想方法。当代中国马克思主义就是我们新时代认识世界和改造世界的强大思想武器。习近平新时代中国特色社会主义思想，立足于不断发展的实践，对时代课题做出了最系统、最透彻和最深刻的解答，是立足于时代之基、回答时代之问的科学理论；是系统完备的科学体系、特色鲜明的理论品格；是马克思主义中国化最新成果；是中国特色社会主义理论体系的重要组成部分；是21世纪马克思主义、当代中国马克思主义。具有重大的政治意义、历史意义、理论意义和实践意义。这一思想是新时代中国共产党人的思想旗帜，是国家政治生活和社会生活的根本指针。这一思想为发展马克思主义做出了中国的原创性贡献，谱写了马克思主义新篇章。这一思想既坚持了马克思主义的基本观点和方法论原则，又具有强烈的时代气息和时代特征，是对我国和国际形势深刻变化及新趋势、新特征进行科学分析的成果；是我们进入新时代，开启全面建设社会主义现代化国家新征程的强大思想武器；是马克思主义中国化的最新理论成果；是当代中国最鲜活的马克思主义。因此，当代中国马克思主义是我们观察中国与世界的强大思想武器。我们必须坚持和运用习近平新时代中国特色社会主义思想观察当代中国与世界，领会其丰富内涵和精神实质，掌握其思想精髓和思维方法，把握贯穿其中的马克思主义立场观点方法，正确认识当代中国和世界的关系，认识当代中国对世界做出的重大贡献。

在新时代，坚持用当代中国马克思主义观察中国与世界。

第一，用当代中国马克思主义系统了解新时代中国特色社会主义理论发展和实践探索最新成果，牢固树立中国特色社会主义共同理想。深刻把握中国特色社会主义的科学真理性，在新的历史起点上不断增强中国特色社会主义的"四个自信"。

第二，以当代中国马克思主义为指导，牢固树立正确的世界观、人生观和价值观。在新时代、新发展阶段，在新征程中，自觉担当起实现中华民族伟大复兴中国梦的历史使命。

第三，以当代中国马克思主义为指导，不断增强战略思维、辩证思维、创新思维、底线思维能力。在新时代更好地坚持和发展中国特色社会主义，科学分析和把握世界与时代的发展大势。

【教学建议】可用在第三节"用当代中国马克思主义观察中国与世界"的教学中。

四、阅读文献

第一，当代中国马克思主义、21世纪马克思主义科学内涵的核心意蕴，就是将中国主题融入时代主题，促使两者有机统一。

马克思主义创新发展的关键，是从变化发展了的实际中提炼出反映历史本质和规律、事关发展全局的根本问题，即"时代课题"。中国特色社会主义是我国改革开放以来党的全部理论和实践的主题，习近平新时代中国特色社会主义思想，提出了坚持和发展什么样的中国特色社会主义、怎样坚持和发展中国特色社会主义这个重大的时代课题，针对的是中国"发展以后"所出现的新问题。解答这一时代之问，我们对内进行了关于我国主要矛盾转变的探索，对外则进行了如何在开放中实现中国和世界的和平发展探索。"两个大局"同步交织论断的提出，把解决我国国内主要矛盾的出路与引领时代潮流的发展统一起来。和平发展、合作共赢不仅是时代的主题，也是坚持和发展中国特色社会主义的内在要求。贯彻创新、协调、绿色、开放、共享的新发展理念，不仅是解决国内主要矛盾的出路，也是引领时代潮流的战略举措。我们从中国主题和时代主题的融合上更坚定地走中国特色社会主义道路，争取对人类做出更大贡献；从理论创新的方向上推进当代中国马克思主义、21世纪马克思主义的发展，争取对世界社会主义运动有较大的促进；从中国发展和世界发展的一致性上构建人类命运共同体，争取对当代人类文明发展做出更为实质性的贡献。

第二，当代中国马克思主义、21世纪马克思主义科学内涵的基础意蕴，就是把中国发展融入世界发展，促使两者良性互动。

在推动中国走向世界的实践方面，当代中国马克思主义形成了两个基本判断：第一个判断是"只有民族的才是世界的，只有引领时代才能走向世界"①。这就是说，只有把时代课题落实到中华民族的伟大复兴中来，把民族发展融入引领时代潮流中来，中国才能真正走向世界。第二个判断是"世界能够进入中国，中国也才能走向世界"②。也就是说，要让各国大门向中国打开，中国首先要向世界各国打开自己的大门。上述这两个基本判断充分说明了中国发展和世界发展的一致性。要构建开放合作、协调平衡的世界发展新格局，必须把立足自身的发展与不断扩大开放、创造出更多共同发展的历史机遇有机地统一起来。

第三，当代中国马克思主义、21世纪马克思主义科学内涵的开放意蕴，就是让中国精神融入时代精神，从而促使为民族谋复兴和为世界谋大同有机统一。

时代精神是在深入考察历史进程和时代特征的基础上，对人类社会发展规律深入把握的思想成果和精神力量。实践表明，马克思主义自诞生起，就一直是时代的最强音。在不断推进马克思主义中国化的过程中，中国共产党始终牢牢把握时代发展的脉搏，始终走在时代的前面，形成了气势磅礴、催人奋进的中国精神。建立在理论自觉上的坚定理想和无畏献身是中国精神的内核，而善于学习是中国精神的灵魂。习近平

---

① 习近平.习近平谈治国理政：第二卷 [M].北京：外文出版社，2017：66.
② 习近平.习近平谈治国理政：第三卷 [M].北京：外文出版社，2017：486.

指出："中国共产党人依靠学习走到今天，也必然要依靠学习走向未来。"① 今天，中国精神之所以能够全面融入时代精神，一方面是因为我们认定当今的时代精神是"改革创新"，而今天的世界正处于"动荡变革期"；另一方面是因为我们坚持的时代精神始终是开放发展的，而开放是当今世界无法阻挡的大趋势。世界的动荡变革和中国的改革开放相互交织，从而决定了开辟马克思主义中国化新境界的无限前景和重大时代意义。

（1）突出问题意识与问题导向，坚持用当代中国马克思主义、21世纪马克思主义来认识和解决问题。当今时代，国际上可谓乱象丛生。疫情肆虐、国际合作防控乏力，背后是以美国为首的少数国家把疫情溯源政治化，不断制造并扩散"政治病毒"；世界经济长期低迷、国际社会动荡不安，根源在美国坚持霸权主义立场和"冷战思维"，大搞单边主义、假多边主义、"长臂管辖"；力图构建全力围堵中国的所谓"价值观联盟"和"北约亚洲版"，使我们今后不得不更多地面对"逆风逆水"的挑战。就国内而言，以庆祝中国共产党成立100周年为契机，以党史教育为抓手，爱祖国、爱人民、爱共产党、爱社会主义已形成风气，意识形态领域的总体形势健康向好。但也要清醒看到，意识形态领域的斗争依然尖锐复杂，主流意识形态建设依旧任重道远。西方的意识形态渗透更加隐蔽，批判抵制各种错误社会思潮一刻不能含糊，用马克思主义中国化最新成果武装全党、教育人民一刻不能放松。要抓住其中的真问题、大问题，解答博士生普遍关注的热点难点问题，就必须坚持当代中国马克思主义的基本立场。讲世界性问题时要自觉坚守中国立场，能够讲出中国的观点和应对，凝聚大家的共识；讲中国问题时要具有世界眼光，不但能够讲清中国贡献和中国智慧，更要讲清我国如何顺应和引领时代潮流这一根本。

---

① 习近平 . 习近平谈治国理政：第三卷［M］. 北京：外文出版社，2020：540.

（2）自觉运用辩证思维，透过现象看本质，辨明时代潮流不转向。本课程的教学要求是讲清当代中国与世界的本质关系及其客观趋势，揭示其中的规律性认识。要把规律性认识讲好，还要遵循人的认识规律。认识是从感性认识到理性认识再到实践反复无穷的过程，那么在具体的教学实践中，就必须从现象入手、从事实出发，需要经过从现象到本质再还原到现象的反复过程。既不能驻足现象，也不能孤立地讲本质。不仅要透过现象看本质，还要把本质还原到现实过程，达到"思维的具体"。这也是教材重要的修订原则。习近平指出："要深入分析世界转型过渡期国际形势的演变规律，既要把握世界多极化加速推进的大势，又要重视大国关系深入调整的态势。既要把握经济全球化持续发展的大势，又要重视世界经济格局深刻演变的动向。既要把握国际环境总体稳定的大势，又要重视国际安全挑战错综复杂的局面。既要把握各种文明交流互鉴的大势，又要重视不同思想文化相互激荡的现实。"[①] 这一重点论基础上的两点论，就是辩证综合，就是"思维具体"。

（3）自觉运用比较方法，用事实说话，不断坚定"四个自信"。近年来，西方之乱与中国之治，已经越来越成为人们的普遍共识。在中外疫情防控的效果比较中，可以看见资本主义和中国特色社会主义两种社会制度的优劣。在世界经济复苏乏力和中国经济稳定增长的比较中，可以看见西方现代化发展道路和中国式现代化新道路的高下。在中国发展和世界发展互为机遇而美国不断"脱钩""制裁"的比较中，可以看见西方文明的衰落和中国文明新形态的强大生命力。在这样的比较中，检验我们自觉运用马克思主义这个"望远镜"和"显微镜"的能力，检验引导博士生认识各种社会问题背后的现实根源和制度优劣的教学效果。

（4）自觉运用创新思维，立足现实面向未来，阐明中国化马克思

---

① 习近平．习近平谈治国理政：第三卷［M］．北京：外文出版社，2020：428.

主义的守正创新。在博士生的思想政治教育中，要注意讲清楚历史与现实、未来发展的基本规律和根本趋势，并聚焦当代中国马克思主义的守正创新。在坚持中发展，在继承中创新，就是对于马克思主义的守正创新。不断推进这一创新，是马克思主义永葆青春活力的原因，必须充分肯定。但是，这种创新不是取代马恩列，其也是不容动摇的。要集中讲清两点：一是守正创新的关键是"结合"论创新，即把马克思主义的基本原理运用到新的历史条件，是运用式的创新。不能丢掉老祖宗，不是另起炉灶。二是讲清时代的依据。划分时代可以有不同的客观依据，因而作为科学认识范畴的时代也有大小之分，不可相互替代，也不可加以混淆。习近平指出："尽管我们所处的时代同马克思所处的时代相比发生了巨大而深刻的变化，但从世界社会主义 500 年的大视野来看，我们依然处在马克思主义所指明的历史时代。这是我们对马克思主义保持坚定信心、对社会主义保持必胜信念的科学根据。"① 善于从中国特色社会主义伟大实践经验中做出新的理论概括的视角，抓住当代世界的普遍性困惑进行释疑解惑，才能很好地引导博士生认清未来发展的根本趋势。

——《中国马克思主义与当代（2021 年版）》修订说明和教学建议

---

① 习近平. 习近平谈治国理政：第三卷［M］. 北京：外文出版社，2020：66.

第一章　当代世界经济

一、理论知识概要

（一）知识结构

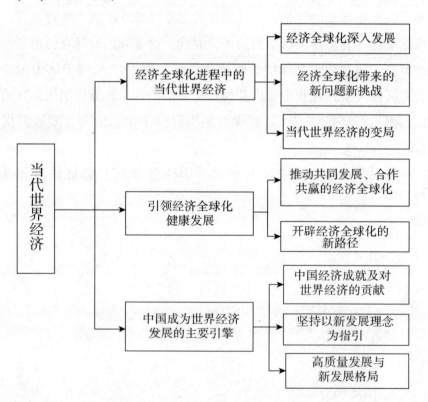

（二）理论知识

当代世界经济的显著特征，就是经济全球化朝纵深发展，经济全球化是人类社会发展到一定历史阶段的必然产物。根据历史唯物主义原理，生产力与生产关系的矛盾运动是支配经济全球化进程的根本力量，也是当代世界经济动荡变革的根本原因。一方面，经济全球化是生产力发展和科技进步的必然结果，是社会化大生产在世界范围内不断深化、不断展开的过程。新一轮科技革命和产业变革正加速推进经济全球化进程，同时经济全球化也具有推动社会生产力发展的历史进步性；另一方面，在发达国家主导形成发展的经济全球化中，资本主义生产关系在全球范围内扩展，资本主义基本矛盾也在全球范围内扩散和深化，这使得经济全球化加剧了国际垄断资本与世界劳动人民的矛盾，加剧了少数发达国家与大多数发展中国家的矛盾，全球经济发展失衡和生态环境失衡的程度进一步加剧。

马克思主义认为，物质生活的生产方式制约着整个社会生活、政治生活和精神生活的过程。经济全球化的深入发展，深刻影响着当代世界的经济秩序、政治格局和文化发展。面对当代世界经济形势，人类社会要以全面的、联系的、发展的眼光来引领经济全球化健康发展，呼唤开放、包容、普惠、平衡、共赢的新型经济全球化。

二、教学重点、难点

（一）教学重点

1. 经济全球化带来的新问题与新挑战，从发达国家与发展中国家两方面讲清发达国家主导的经济全球化带来的新问题和新挑战，以及对世界经济造成的影响。

2. 中国成为世界经济发展的主要引擎。从应对经济全球化新形势的背景出发，重点讲清中国为世界经济所做的贡献，包括中国经济本身对世界经济的贡献，以及中国为世界提出的新型经济全球化方案。

（二）教学难点

面对当前经济全球化与反全球化之间的争议，讲清中国开辟经济全球化新路径的重要意义。

三、特色案例

案例1 经济全球化深入发展

【案例呈现】

材料1：沃尔玛公司由美国零售业的传奇人物山姆·沃尔顿先生于1962年在阿肯色州成立。现如今沃尔玛公司已有11500家门店，分布于全球28个国家。沃尔玛全球2021年营收达到5592亿美元，全球员工总数达230万名。2018年5月21日，《财富》发布美国500强企业排行榜，沃尔玛连续六年蝉联榜首。

沃尔玛长期致力于在中国投资和发展。沃尔玛于1996年进入中国，在深圳开设了第一家沃尔玛购物广场和山姆会员商店。目前沃尔玛在中国经营多种业态和品牌，包括沃尔玛大卖场和山姆会员商店。

截至2015年12月31日，沃尔玛已经在中国19个省、2个自治区、4个直辖市的169个城市开设了433家商场、9家干仓配送中心和11家鲜食配送中心。山姆会员商店是沃尔玛旗下的高端会员制商店，截至2019年1月山姆会员店全中国共有24家，日前山姆会员商店的中国业务总裁文安德透露计划在2022年年底在中国将山姆会员商店的总数量增加至40~45家。①

沃尔玛中国公司注重人才本土化，鼓励人才多元化，特别是培养和发展女性员工及管理层。"目前沃尔玛中国超过99.9%的员工来自中国

---

① 陈璞玉. 沃尔玛公司成本控制管理研究 [D]. 北京：华北电力大学，2020.

本土，商场总经理全部由中国本土人才担任，女性员工占比约66%，主管级别及以上的管理人员53%为女性。2009年公司成立了'沃尔玛中国女性领导力发展委员会'，以加速推动女性的职业发展。"①

材料2：经过多年的发展，包括苹果公司在内的电子产业已经成长为一条非常成熟的生产链。苹果公司已经积累了丰富的经验，高效供应链的完整性，保障了其未来的发展，供应渠道和生产途径非常清楚。大量的零部件制造商出现在世界各地。苹果系列一直以来是"全球代工"的经典产品，苹果公司只负责设计、技术监控和市场销售，而所有的生产，加工环节都以"委托生产"的方式，外包给遍布世界各地的下游制造商。

亚洲，尤其是中国已经发展成为一个"世界工厂"。中国是全球手机制造及销售中心，生产手机产量全球占比75%，销售手机全球占比在20%以上。中国大陆是苹果手机零部件的主要生产基地。

【案例讨论】作为经济全球化的组织形式，跨国公司的重要作用体现在哪些方面？

【案例分析】

本案例中沃尔玛和苹果公司的相关数据及在中国的发展情况，充分说明了在经济全球化深入发展过程中，跨国公司这种组织，在全球范围内充分利用各地的资源优势组织生产，大大促进了各种生产要素在全球的流动和国际分工。在这个过程中，作为投资方的发达国家充分利用发展中国家自然资源和廉价劳动力，获得更为广阔的国外市场，获得丰厚红利；同时发展中国家也因此获得更多就业机会，获得管理经验和技术支持，推动本国贸易的发展。

【教学建议】本案例可用在讲解第一章第一节"经济全球化的深入发展的具体表现"中，企业生产跨越国界，在全球范围内分工，商品

---

① 资料来源：沃尔玛官网。

和服务的贸易在国际范围内大大扩展等具体内容的教学。

案例2 经济全球化带来的新问题与新挑战

【案例呈现】

材料1：据联合国贸易和发展会议统计，全球100家最大的公司控制了将近14000亿美元的年销售额，资料显示，美国跨国公司高层经理人员的收入自1979年至2000年净增了70%，他们的收入在1980年就相当于普通员工的40倍，而今天这一比例已经超过1∶120。全球化还使发达国家的资本和技术不断加速流向发展中国家，从而造成了发达国家大批产业工人失业，全球化使他们贫困化、边缘化，生活缺少安全感，惠普、康柏、摩托罗拉、耐克等美国跨国公司在本国生产厂家已越来越少，甚至已经不复存在。①

材料2：发达国家尽管长期主导着经济全球化，但其内部阶层固化、就业低迷、收入失衡的问题同样严峻。在美国，1970—2014年处于30岁的劳动者收入超过其父母（同为30岁时）的比例从90%跌落到了41%。与之形成鲜明对比的是，在高收入阶层（社会前10%）的子女收入超过父母的比例则稳定维持在高位。②

材料3：改革开放以来，世界各国的技术在中国得到大量应用，尤其是东莞、深圳，短短几十年就成为全球制造业基地。全球供应链、产业链的形成对珠江三角洲供应链、产业链的形成起到了重要作用。

从1978年改革开放到现在的40多年间，中国从整体贫穷到现在成为第二大经济体。人均GDP方面，1980年还不到300美元，去年年底已达12000美元，更促成了数亿农村贫困人口摆脱贫困。任何一个数据

---

① 何亚东. 经济全球化对发达国家社会利益格局的影响［J］. 红旗文稿，2007（8）：37-39.

② 吕松涛. 应对经济全球化新挑战、构建人类命运共同体的中国方案：习近平关于推动经济全球化新发展的重要论述研究［J］. 科学社会主义，2020（1）：36-42.

拿出来都是世界经济的奇迹。

美国《财富》杂志公布的"2020 年世界 500 强企业"排名榜单中，中国内地和香港企业数量达到 124 家，加上台湾地区企业，中国共 133 家企业上榜。历史上第一次超过美国 121 家。印度、巴西等国家的企业也有不俗的表现。①

材料 4：据联合国环境署统计，美国 39% 的高污染产业已转移到发展中国家，日本 60% 以上的高污染产业也已转移到东南亚和拉丁美洲。据保守估计，过去 20 年间，世界至少一半的垃圾被倾倒在中国。所幸，在 2017 年，中国颁布了洋垃圾禁令。②

【案例讨论】经济全球化带来哪些新问题与新挑战？

【案例分析】

该案例显示了发达国家主导的经济全球化在为发达国家带来丰厚红利的同时，也造成了发达国家之间以及发达国家内部各地区和行业、人群之间的分配失衡、贫富悬殊严重等问题。而作为发展中国家在经济全球化过程中获得经济的快速发展，经济全球化促进发展中国家跨国公司的发展。发展中国家借助投资自由化和比较优势组建大型跨国公司，积极参与经济全球化进程，增强经济竞争力。

同时，经济全球化对发展中国家也造成了负面影响。在经济全球化进程中，发达国家由于产业链优化升级，不断把高污染高能耗产业向发展中国家转移，从而加剧了发展中国家在经济增长的同时出现资源短缺和环境恶化情况。

【教学建议】本案例可放在第一章第一节"经济全球化带来的新问题与新挑战"的教学中。

---

① 郑永年. 中国如何引领下一波全球化［N］. 经济日报，2022-08-31.
② 张涛. 经济全球化的影响、形态变化与维护引领［J］. 牡丹江大学学报，2021，30（2）：19-23.

案例3　经济全球化的新路径

【案例呈现】

材料1：

习近平总书记2021年11月19日在北京出席第三次"一带一路"建设座谈会并发表重要讲话。多国人士和我国海外项目人员表示，"一带一路"倡议提出8年来取得了实实在在的成果。

赛义德·乔杜里，巴基斯坦伊斯兰堡国际事务理事会主任表示："8年来，参与共建的国家通过合作实现共赢，并收获了可持续的成果。中巴经济走廊建设项目的实施帮助巴基斯坦弥补了电力短缺，提振了工业发展水平，创造了大量就业机会。"

瓦莉，老挝政府总理顾问、国家工商会副会长表示："作为共建'一带一路'项目中铁路让老挝有望从中南半岛内陆'陆锁国'成为区域枢纽国，不仅将使老挝经济实现跨越式增长，区域开放水平也将获得提高。"

保罗·埃斯美拉尔多，国家电网巴西控股公司高级顾问，巴西知名电力专家表示："美丽山水电站项目不仅是中国企业为巴西修建输电线路的项目，更是两国合作共建'一带一路'的标志性工程，是构建人类命运共同体的生动实践。项目为巴西打造了一条先进、高效和可靠的'电力高速公路'，使2200万人口受益。"①

材料2：

（1）中巴经济走廊既是"一带一路"建设的标志性工程和先行先试项目，也是充实中巴全天候战略合作伙伴关系、构建新时代更紧密的中巴命运共同体的重要内容。2013年，中巴经济走廊启动建设。2015

---

① 习主席讲"一带一路"高质量发展　国际社会强烈共鸣［EB/OL］. 新华网，2021-11-21.

年，中巴两国关系提升为全天候战略合作伙伴关系，中巴经济走廊建设迈入"快车道"，形成以走廊建设为中心，以瓜达尔港、能源、基础设施建设、产业合作为重点的"1+4"合作布局。

中巴经济走廊启动以来，累计为巴基斯坦带来254亿美元投资。根据巴基斯坦国家统计局数据，2013至2018财年间，巴基斯坦每财年实际GDP增速从4.05%逐年递增至6.10%，表现出强劲势头，这与中巴经济走廊建设第一阶段对巴国内能源、交通基建领域的巨额投资密切相关。特别是一系列发电、输电项目极大程度改善了巴基斯坦电力供应短缺的状况，巴基斯坦发电总装机容量已基本满足国内需求。中巴经济走廊建设已经为巴基斯坦创造了超过7万个工作岗位，未来5到7年还将直接或间接创造50万个岗位。①

（2）"由于缺电，巴基斯坦曾经每天面临长达10小时的停电，而中巴经济走廊通过建造电站解决了这个问题。"据统计，中方通过中巴经济走廊建设帮助巴基斯坦新增5200兆瓦电力和886千米国家核心输电网。巴基斯坦总理中巴经济走廊事务特别助理哈立德·曼苏尔表示："中巴经济走廊建设使巴基斯坦从电力短缺国变成电力富余国，满足了巴能源需求，降低了巴电力生产的成本和整体电价。"

王宁表示："中方愿同巴方一道继续秉持共商共建共享的原则，深化互利合作，将中巴经济走廊打造成高质量共建'一带一路'的示范性工程，更好地造福两国乃至地区人民。"②

材料3：

2021年12月3日，连接中国昆明和老挝万象、采用中国标准的中老铁路全线开通运营。线路全长1035千米，北起中国云南省昆明市，

---

① 高乔．中巴经济走廊展现"一带一路"活力［EB/OL］．人民日报海外版，2022-10-01．

② 将中巴经济走廊打造成高质量共建"一带一路"的示范性工程［EB/OL］．新浪财经，2020-10-10．

向南经中国玉溪、普洱、磨憨边境口岸，再经老挝磨丁边境口岸，最终到达老挝首都万象。作为中老友谊标志性工程，中老铁路将为加快建成中老经济走廊、构建中老命运共同体提供有力支撑。

中老铁路是中老两国互利合作的旗舰项目和高质量共建"一带一路"的标志性工程。中老铁路为中老两国贸易创造了新机遇，2022年上半年，中老双边货物进出口额达27.8亿美元，与2021年同期相比增长20.5%。

据国际货币基金组织（IMF）评估，老挝未来几年将保持强劲的经济增长势头，其中中老铁路是主要驱动力。总体来看，中老铁路在施工阶段就已对老挝经济起到了带动作用，2021年老挝GDP达188.27亿美元，增速为2.53%。

在促进就业方面，中老铁路带动了老挝10余万人次就业，世界银行预计，随着中老铁路的开通，以及后期老挝与泰、马、新等国的铁路联通，未来老挝国民年均收入有望达到最高21%的增长幅度。旅游业是老挝的支柱产业，每年为老挝贡献约40%的GDP。截至2022年10月3日，中老铁路累计发送旅客739万人次，有效促进了老挝旅游业的发展。

中老铁路的建设运行是"一带一路"倡议与老挝由"陆锁国"变"陆联国"战略深度对接的重要举措，有效增强了中老两国之间的战略互信。①

材料4：

截至2022年2月6日，中国已同148个国家和32个国际组织签署200余份共建"一带一路"合作文件。

徐秀军：共建"一带一路"产业链供应链合作更加密切。经贸合作方面，中国同"一带一路"沿线国家和地区贸易规模稳步提升，投

---

① 孙瑜鸿. 中老铁路战略意义及面临的问题［EB/OL］. 太和智库，2022-10-12.

资规模逆势增长。海关总署数据显示，2021年中国对"一带一路"沿线国家货物贸易总额为 11.6 万亿元人民币，较上年增长 23.6%，创下历史新高。

其次，"一带一路"高质量发展成为抵挡逆全球化浪潮、推进全球合作与共同发展的中流砥柱。近年来，"逆全球化"思潮不断涌现，新冠疫情进一步加剧了这种趋势。共建"一带一路"坚定不移地推进经济全球化，为全球多边合作和共同发展提供了有效、开放的合作平台，为稳定世界经济做出巨大贡献。

谢来辉：8 年多来，中国始终高举经济全球化的旗帜，在共建"一带一路"的框架下，与沿线各国加强务实经贸合作。在新冠疫情蔓延全球的背景下，当欧美国家纷纷收缩对外投资，中国对共建"一带一路"国家投资逆势增长，带动沿线国家经济发展，也促使美国等发达国家认真对待全球发展这一主题。①

【案例讨论】经济全球化新路径对当前世界经济有何意义？

【案例分析】

在经济全球化面临挑战的形势下，中国创造性地提出"一带一路"经济全球化新路径倡议，为全球提供了国家间合作发展的新模式。"一带一路"秉持共商共建共享的原则，深化互利合作，让建设成果更多更公平惠及各国人民，在中巴经济走廊、中老铁路、巴西电力高速公路等项目已取得的成就中，能够看到"一带一路"不仅完善了各国之间的基础设施的连接，深化了各国之间政策沟通和政治互信，也在此基础上加强了各国之间文化交流合作，增进了各国人民之间的思想和心灵上的交流沟通。事实证明，"一带一路"为世界经济全球化健康发展开辟了合规律、合潮流的新路径。

---

① 徐秀军，王磊，谢来辉. 共建"一带一路"顺应经济全球化潮流（热点对话）[EB/OL]. 人民日报海外版，2022-02-26.

【教学建议】该案例可用于第一章第二节第二目"开辟经济全球化新路径"的内容进行辅助教学，用实际案例和数据帮助学生理解中国在经济全球化进程中提出的中国方案。

案例4　中国对世界经济的贡献

【案例呈现】

材料1：

从关键经济指标看，这十年来，我国经济总量由2012年的53.9万亿元上升到2021年的114.4万亿元，占世界经济比重从11.3%上升到超过18%，人均国内生产总值从6300美元上升到超过1.2万美元。

同时，我国经济占全球份额稳步提升，国际影响力与日俱增。2013年—2021年，我国对世界经济增长的平均贡献率超过30%，居世界第一。

作为世界第二大经济体、第二大消费市场、制造业第一大国、货物贸易第一大国、外汇储备第一大国，中国在全球经济版图中的地位进一步巩固和提升。①

材料2：

印尼企业家协会亚太地区主任洪培才在接受《人民日报》记者采访时表示，受新冠疫情等因素影响，当前国际形势中不稳定、不确定因素日益突出，印尼与中国关系的稳步发展十分必要。中国是印尼乃至整个东南亚的重要经济合作伙伴，中国的发展对印尼经济的带动作用十分明显，"印尼和中国在海上安全、渔业、人文、基础设施等领域有着巨大的合作潜力"。

近年来，中国和印尼共同建设的雅万高铁、"区域综合经济走廊"

---

① 李可愚. 我国GDP破110万亿　对世界经济增长平均贡献率超30% ［EB/OL］. 每日经济新闻，2022-10-13.

"两国双园"等重大合作项目不断取得新进展，标志着两国高质量共建"一带一路"合作走向深入，结出更多硕果。洪培才举例说，在印尼北苏拉威西省，得益于中国企业的投资，青山工业园区拔地而起，园区所在的莫罗瓦利县人均年收入从 2012 年的不到 1000 美元增至如今的 3.6 万美元。"该工业园还助力印尼成为全球重要的不锈钢生产国。共建'一带一路'带来实实在在好处。"①

材料 3：我们实行更加积极主动的开放战略，共建"一带一路"成为深受欢迎的国际公共产品和国际合作平台，我国成为 140 多个国家和地区的主要贸易伙伴，货物贸易总额居世界第一，吸引外资和对外投资居世界前列，形成更大范围、更宽领域、更深层次对外开放格局。②

【案例讨论】中国对世界经济有哪些贡献？

【案例分析】

中国经济所取得的成就本身就是对世界经济的贡献，同时，中国提出的"一带一路"也对世界经济复苏做出了重要贡献。

【教学建议】本案例可放在第一章第三节的教学中。

案例 5 新发展理念

【案例呈现】

材料 1：

高质量发展是全面建设社会主义现代化国家的首要任务。发展是党执政兴国的第一要务。没有坚实的物质技术基础，就不可能全面建成社会主义现代化强国。必须完整、准确、全面贯彻新发展理念，坚持社会主义市场经济改革方向，坚持高水平对外开放，加快构建以国内大循环为主体、国内国际双循环相互促进的新发展格局。

---

① "共建'一带一路'带来实实在在好处"［N/OL］. 人民日报, 2022-08-17.
② 习近平. 高举中国特色社会主义伟大旗帜 为全面建设社会主义现代化国家而团结奋斗［EB/OL］. 学习强国, 2022-11-01.

我们要坚持以推动高质量发展为主题，把实施扩大内需战略同深化供给侧结构性改革有机结合起来，增强国内大循环内生动力和可靠性，提升国际循环质量和水平，加快建设现代化经济体系，着力提高全要素生产率，着力提升产业链供应链韧性和安全水平，着力推进城乡融合和区域协调发展，推动经济实现质的有效提升和量的合理增长。①

材料2：

我们提出并贯彻新发展理念，着力推进高质量发展，推动构建新发展格局，实施供给侧结构性改革，制定一系列具有全局性意义的区域重大战略，我国经济实力实现历史性跃升，国内生产总值从54万亿元增长到114万亿元，我国经济总量占世界经济的比重达18.5%，提高7.2个百分点，稳居世界第二位；人均国内生产总值从39800元增加到81000元。谷物总产量稳居世界首位，制造业规模、外汇储备稳居世界第一。一些关键核心技术实现突破，战略性新兴产业发展壮大，载人航天、探月探火、深海深地探测、超级计算机、卫星导航、量子信息、核电技术、新能源技术、大飞机制造、生物医药等取得重大成果，进入创新型国家行列。②

材料3：四川大凉山深处的阿土列尔村，位于海拔1400多米的悬崖之上，被称为"悬崖村"，垂直于绝壁的17条藤梯曾是村民与外界相连的唯一的路。2016年11月，"悬崖村"的路由藤梯变成了钢梯。2020年5月，84户村民走下钢梯上楼梯，搬进了县城的新家。同一年，3.8千米长的水泥路沿着高山崖壁将村庄与外界连通。如今这里已脱胎换骨，旅游业、种养业蓬勃发展，展现出乡村振兴新图景。

回顾来路，我国解决了困扰几千年的绝对贫困问题，建成了世界上

---

① 习近平.高举中国特色社会主义伟大旗帜 为全面建设社会主义现代化国家而团结奋斗［EB/OL］.学习强国，2022-11-01.
② 习近平.高举中国特色社会主义伟大旗帜 为全面建设社会主义现代化国家而团结奋斗［EB/OL］.学习强国，2022-11-01.

规模最大的教育体系、社会保障体系和医疗卫生体系，人民生活质量和社会共享水平实现全方位跃升。

"每一个小群体都不应该被放弃！" 2021 年年末，国家医保局谈判代表张劲妮的"灵魂砍价"曾让无数人动容。经过 8 轮谈判，治疗罕见病脊髓性肌肉萎缩症的药品——诺西那生钠从 70 万元的"天价"降至 3.3 万元，并被纳入医保目录。目前，经过医保报销，患者注射该药品的费用将下降至 1 万元左右。①

【案例讨论】 新发展阶段、新发展理念、新发展格局有什么样的关联？

【案例分析】

习近平总书记指出："高质量发展，就是能够很好满足人民日益增长的美好生活需要的发展，是体现新发展理念的发展。"② 新阶段是我国经济发展的新的历史方位，也是新发展理念和新发展格局提出的现实依据；新发展理念，是新阶段经济发展和新发展格局的行动指南，新发展格局是在新的发展阶段，贯彻新发展理念的路径选择。

【教学建议】 该案例可以用在第一章第三节第二目、第三目的教学中。

案例 6　新发展格局

【案例呈现】

材料 1：

创新引领——在推动边疆民族地区高质量发展上闯出新路子

广西："大米小珍馐，小吃大灵魂。粉好度日月，螺小赛乾坤。"

---

① 新发展理念引领高质量发展　书写共享发展成果的新答卷 [EB/OL]. 大众网，2022-10-14.

② 张春敏，吴欢. 习近平经济思想的理论逻辑与实践逻辑 [N/OL]. 中国社会科学报，2023-09-26.

柳州螺蛳粉生产集聚区产品展示区门口，一首小诗引人瞩目。

2021年4月，习近平总书记来到这里，详细了解螺蛳粉特色产业促进就业、带动农民增收等情况。总书记指出，发展特色产业是地方做实做强做优实体经济的一大实招，要结合自身条件和优势，推动高质量发展。

柳州因地制宜，大力培育发展特色产业，依托产业优势、资源优势，以工业化理念推动特色产业标准化、规模化、品牌化、生态化发展。2021年，柳州袋装螺蛳粉销售收入达151.97亿元，配套及延伸产业销售收入达142.83亿元。"总书记的重要指示，为我们指明了发展方向。以前，我们只有贴牌代工一项业务，现在我们拥有500多家经销商，预计今年自有品牌营收同比增长超过500%。"广西善元食品有限公司董事长陈生说。

开放带动——在服务和融入新发展格局上展现新作为

"广西有条件在'一带一路'建设中发挥更大作用。"2017年4月，习近平总书记在广西考察时指出，要立足独特区位，释放"海"的潜力，激发"江"的活力，做足"边"的文章，全力实施开放带动战略，推进关键项目落地，夯实提升中国—东盟开放平台，构建全方位开放发展新格局。

目前，北部湾港可靠泊10万吨级以上船舶的大型深水泊位占比达36.4%，远超全国沿海港口平均水平；集装箱班轮航线数量增至67条，通行范围覆盖全球100多个国家和地区的200多个港口。

2021年，北部湾经济区6市进出口额4839.6亿元，拉动同期广西外贸进出口增长16个百分点。

主动融入和服务国家新发展格局，广西加快推动"南向、北联、东融、西合"全方位开放发展。中国—东盟合作"南宁渠道"影响力不断扩大，重大开放平台能级提升，外资外贸总量质量双提升。近年来，广西对东盟贸易额年均增长25%以上，东盟连续22年成为广西最大的贸易伙伴。2021 年，广西向海经济生产总值达到 4202 亿元，占全区 GDP 比重达 17.0%。①

材料 2：

在新发展格局中实现更大作为：沿着总书记的足迹·安徽篇②

创新驱动，让发展有了新动能。

世界首颗量子科学实验卫星"墨子号"、世界首条量子保密通信干线"京沪干线"、"九章"量子计算原型机、30 微米柔性可折叠玻璃……依托合肥综合性国家科学中心、合肥滨湖科学城、合芜蚌国家自主创新示范区等国家创新平台，安徽在量子通信、新能源、新材料领域取得一大批重大原创成果。

与 2020 年 8 月相比，安徽创新馆里征集到的最新科创成果，已从 1500 多件增加到 1800 多件。其中 300 多件在国内国际属于领先水平。近两年来，由安徽创新馆促成的科技成果转化交易金额近 400 亿元。

在长三角一体化发展中顺势而上

融入长三角一体化发展，对安徽来说，更深刻的变化在于确立新坐标、树立新标杆。

"过去一讲市场，我们习惯于盯着本省、本区。现在，我们发现了长三角市场、国内国际大市场。"刚刚入驻省际产业合作园区的一名企业负责人说。

"过去，我们习惯与自己的过去相比，总觉得进步不小。现在，与沪苏浙一比，差距太大了。"安徽许多干部感叹。

对接沪苏浙相关机制和营商环境，学习并推出改革创新政策和举措 548 项；推动全面提升 18 项营商环境评价指标……2021 年，安徽社会

---

① 构建全方位开放发展新格局：沿着总书记的足迹·广西篇 [N]. 人民日报，2022-06-16 (1).

② 构建全方位开放发展新格局：沿着总书记的足迹·广西篇 [N]. 人民日报，2022-06-16 (1).

消费品零售总额突破 2 万亿元，进出口总额突破 1000 亿元，增速居长三角地区第一。

安徽正把握机遇、顺势而上，努力在长三角一体化发展中展现安徽作为、贡献安徽力量。

让"一江碧水向东流"的胜景早日重现

2020 年 8 月 18 日至 19 日，从淮河之滨、长江岸线到巢湖堤坝，习近平总书记冒着酷暑，辗转奔波，考察调研防汛救灾和治河治江治湖工作。

习近平总书记在王家坝闸要求："要把 70 年来治理淮河的经验总结好，认真谋划'十四五'时期的治淮方案。"

在马鞍山市薛家洼生态园，习近平总书记强调："长江生态环境保护修复，一个是治污，一个是治岸，一个是治渔。长江禁渔是件大事，关系 30 多万渔民的生计，代价不小，但比起全流域的生态保护还是值得的。长江水生生物多样性不能在我们这一代手里搞没了。""要增强爱护长江、保护长江的意识，实现'人民保护长江、长江造福人民'的良性循环，早日重现'一江碧水向东流'的胜景。"

在巢湖大堤，习近平总书记指出："要坚持生态湿地蓄洪区的定位和规划，防止被侵占蚕食，保护好生态湿地的行蓄洪功能和生态保护功能。"

安徽的"治水"由此进一步加大力度。"十四五"时期，安徽将建设完成十大重点水利工程，新开工建设十大重点水利工程，总投入超过 2000 亿元。其中包括治淮工程 3 项、长江干流治理工程 3 项。目前，十大重点水利工程均已开工建设，累计完成投资 872.73 亿元。

在阜南，适应性农业新路正现：蓄洪区里，杞柳拂摆，深水养鱼，浅水种藕，鸭鹅水上游，牛羊遍地走。

马鞍山为 4823 个入江排污口上了"云端户口"，实现长江干流及重要水域常年禁捕和渔民退捕转产。全面落实有工作、有住房、有学上、有社保，让1万多渔民上岸后稳得住、能致富。为了彻底治污、治岸，去年4月，马鞍山市向山地区生态环境综合治理项目成功获批EOD（绿色生态办公区）模式试点，开启矿山生态修复治理。

【案例讨论】当前我国贯彻新发展理念，构建新发展格局进行取得了哪些进展？

【案例分析】

2021年4月，习近平总书记在广西考察时要求广西"在推动边疆民族地区高质量发展上闯出新路子，在服务和融入新发展格局上展现新作为，在推动绿色发展上迈出新步伐，在巩固发展民族团结、社会稳定、边疆安宁上彰显新担当，建设新时代中国特色社会主义壮美广西"。

作为我国少数民族人口最多的自治区，广西近年来积极引导各族群众牢固树立正确的国家观、历史观、民族观、文化观、宗教观，增进各族群众的"五个认同"，通过实施固边兴边富民行动提升边境地区公共服务、产业发展水平，打造民族团结、社会稳定、边疆安宁的祖国"南大门"。

除广西外，安徽、湖北等省都在新的发展阶段，全面贯彻"创新、协调、绿色、开放、共享"的新发展理念，并取得切实的进展和成果。

【教学建议】本案例建议用于第一章第三节第三目"高质量发展与新发展格局"的教学中。

第二章　当代世界政治

一、理论知识概要

（一）知识结构

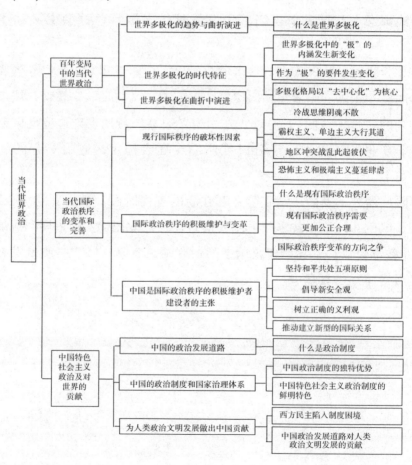

（二）理论知识

通过本章节的学习，掌握和认识世界多极化的趋势与曲折演进的过程、世界多极化的时代特征和现行国际秩序中的破坏性因素，进一步深刻把握百年格局中的当代世界政治；掌握和认识国际政治秩序的积极维护和变革的重要性和国际政治秩序变革的方向之争，深刻把握中国作为国际政治秩序的积极维护者和建设者四方面的核心要义。深入理解中国政治发展道路的主要内涵，正确认识中国的政治制度和国家治理体系，了解政治制度的基本含义，掌握中国特色社会主义政治制度具有的鲜明特色、西方民主陷入制度困境的根本原因，以及中国特色社会主义政治发展道路对人类政治文明发展的贡献。

二、教学重点、难点

如何运用马克思主义科学方法分析和认识当代世界政治及其发展趋势？

马克思主义产生于 19 世纪 40 年代，当今时代已经发生了翻天覆地的变化，"马克思主义是否已经过时"是很多当代大学生在学习时会产生的一个重大疑惑。

归根结底是"马克思主义是否已经过时"这一问题背后隐藏着当代大学生对于马克思主义的两种态度。第一种是由于长期对政治宣传教育抱有某种偏见，加之近年来马克思主义"无用论""过时论"的流行，当代大学生对马克思主义的时代价值在某种程度上持怀疑态度。第二种是当代大学生对马克思主义的认知呈现"感性认识有余、理性认知不足"的状况，渴望能获得更具根本性和整体性的认识。

因此，如何具有信服力地解答这一问题构成了本章节的重点和难点。

如何正确理解国际秩序变革与中国的世界角色？

时代特征决定国际政治总格局。环顾世界，当今时代正经历重大变革，国际形势正发生复杂变化。面对林林总总、纷纭多变的国际乱象，习近平强调，把握国际形势，要树立正确的历史观、大局观、角色观。从这个意义上来说，当前我国处于近代以来最好的发展时期，世界处于百年未有之大变局，两者同步交织、相互激荡。

从1921年到1971年再到2021年，三个时间点、两个50年。沿着这条时间线，可以清晰地看见在一百年大变局中，国际秩序逐渐朝着公平正义的方向变迁与进化。与此同时，中国逐渐从积贫积弱走向独立自主，进而开启民族复兴的伟业，并在推动国际公平正义、护佑人类共同命运的历史进程中扮演着日益关键的国际角色。

如何理解"世界处于百年未有之大变局"下的国际秩序变革，成为决定中国战略方向的关键。

三、特色案例

案例1 疫情之下国际格局的新变化

【案例呈现】

材料1：习近平总书记指出："当今世界正在经历百年未有之大变局。这场变局不限于一时一事、一国一域，而是深刻而宏阔的时代之变。"① 新冠疫情在全球范围内反复延宕，极大改变了我们习以为常的世界，影响了国家间力量对比、国家治理以及人们的观念，是未来世界发展的重要风险性因素。

材料2：当前，世界正面临百年未有之大变局。在国际格局呈现东

---

① 习近平. 坚定信心 勇毅前行 共创后疫情时代美好世界 [N]. 人民日报，2022-01-18 (1).

升西降的大背景下，由新型冠状病毒所引发的疫情全球大流行是近年来最大的"黑天鹅"事件。新冠疫情没有从根本上改变世界主要国家间的力量对比，但对国际格局的演变影响巨大，对整个人类社会造成深刻而广泛的影响。

【案例讨论】新冠疫情后国际格局出现的新变化。

【案例分析】

当前世界正处于百年未有之大变局，国际格局的显著特点之一就是受新冠疫情影响，世界的不确定性更加显著，国际社会的政治变动与思想变化，归根结底是东西方之间力量对比发生新的变化，中美之间的力量对比更加接近，国际格局加速向多极格局演进，加速推进了世界百年未有之大变局。

【教学建议】本案例可用在第二章第一节的教学中。

案例 2 新冠疫情后中美关系何去何从

【案例呈现】

材料 1：中美关系在过去、现在乃至未来都会是全世界最重要的双边关系。从历史的角度审视中美关系，对中国而言，不与美国建交就无法缓解中国的外部紧张局势，无法实现改革开放。对美国而言，没有中国的帮助就无法完全实现对苏联的遏制战略，也不会在冷战中取得最后的胜利。历史经验证明：中美两国，合则两利。

材料 2：自中美建交以来，美国对中国的重视程度不断加深、加强，到 2017 年达到高潮。自 2017 年 12 月美国政府发布《美国国家安全战略》称"大国竞争的时代已重新来临"以来，美国确定了中美两国战略竞争的基调，"全政府对华战略"逐渐成为华盛顿热词。

材料 3：作为学者、政治家、美国前国务卿，基辛格一辈子最重要的成就就是推动了中美关系正常化，但近些年，他频繁地表达了自己对中美关系的担忧。基辛格曾公开喊话美国政府："美中两国必须防止双边关系重蹈 20 世纪英德关系的覆辙。"在 2020 年年底，基辛格又公开发言："中美之间必须尽快制定一个互动规则，否则整个世界都将陷入类似第一次世界大战前的那种局面。"

【案例讨论】新冠疫情后中美关系如何发展。

【案例分析】

对于中美关系发展，中美两国的态度明显不同。中国始终秉持和平发展方针，努力构建"不冲突、不对抗"的新型大国关系。而美国为遏制中国发展，并没有结束冷战思维，视中国为主要战略竞争对手，以意识形态划界，全方位利用各种围堵打压手段施压，企图遏制和阻挠中国发展，改变中国的前进方向。美国出于意识偏见干涉中国内政，打压中国的发展，并不会使美国变得强大。中美对抗不利于世界和平，美国必须放弃单边主义和霸权主义，支持多边主义，这是历史发展规律，没有哪个国家能够逆历史潮流而动。中美需要在加强对话、增加互信、发展合作、管控分歧的过程中，不断推进新型大国关系建设。实践证明，中美必须合作、需要积极合作，世界期待中美合作。

【教学建议】本案例可用在第二章第一节的教学中。

案例 3 冷战后地区冲突战乱频繁出现

【案例呈现】

材料 1："乌克兰"这个词在俄语中有"边区、边缘之地"的意思。对欧洲国家尤其是德国、法国等欧洲核心国家来说，乌克兰也算"边缘之地"。对美国来说，乌克兰更是一个遥远的存在。但国际政治格局的演变，让这个"边缘之地"成了俄罗斯与美欧战略博弈的一个战场。乌克兰前总统库奇马曾说过："乌克兰不想成为缓冲区，因为两头讨好会令人窒息；乌克兰也不想成为桥梁，因为如果走在桥上的人太多，桥就会坍塌。"但不幸的是，乌克兰从未摆脱大国战略缓冲区的宿命。

材料 2：苏联解体后，北约于 1999 年开启向原东欧社会主义阵营国家的扩张之路。迄今为止，北约已经历了五波扩张。1999 年，匈牙利、波兰和捷克加入北约；2004 年，保加利亚、拉脱维亚、立陶宛、罗马尼亚、斯洛伐克、斯洛文尼亚和爱沙尼亚成为北约的新成员；2009 年，阿尔巴尼亚和克罗地亚加入北约；2017 年，黑山成为北约成员国；2020 年，北马其顿加入北约。至此，苏联的东欧盟国都加入了北约。英国《金融时报》称，北约 1999 年和 2004 年两次大规模东扩都无视俄罗斯的反对，现在又准备吸纳乌克兰和格鲁吉亚，进一步向苏联的心脏地带扩展，碰触到了俄罗斯的红线。

打开俄罗斯的地缘政治版图可以发现，跟 70 年前相比，北约的边界向莫斯科方向推移了 1000 千米，苏联在东欧留给俄罗斯的战略安全空间已经基本被北约挤压殆尽。伴随着东扩进程的加快，北约在东欧和波罗的海地区的军事部署持续向东推进。特别是自 2014 年克里米亚地区"并入"俄罗斯以来，北约对俄罗斯的军事施压进入一个新的发展期。

材料 3：2021 年 9 月 27 日，亚美尼亚和阿塞拜疆爆发新一轮冲突，双方均指责对方违反停火协议，率先发动军事进攻。两国角力的背后，还有地区大国的支持和博弈。近两年来，俄罗斯与阿塞拜疆开始逐渐走近，2018 年两国宣布签订了价值约 50 亿美元的军火订单；而亚美尼亚则接近美国和欧盟国家。随着介入的国家增多，亚阿两国的冲突或将演变得更加复杂。

【案例讨论】地区冲突战乱为何此起彼伏。

【案例分析】

美国和北约长期以来无视俄罗斯合理安全关切，一再背弃承诺，不断向东推进军事部署，挑战了俄罗斯战略底线。各方要摒弃冷战思维，重视和尊重各国合理安全关切，通过谈判形成均衡、有效、可持续的欧洲安全机制。

要在尊重各国主权和领土完整、遵守联合国宪章宗旨和原则下解决存在的矛盾和问题，积极倡导共同、综合、合作、可持续的新安全观，坚定维护以联合国为核心的国际体系和以国际法为基础的国际秩序，才能推动国际政治秩序朝着更加适应时代要求、更加公正合理的方向发展。

【教学建议】本案例可用在第二章第一节和第二节的教学中。

案例 4　正确认识"修昔底德陷阱"

【案例呈现】

材料 1：冷战后的全球治理体系是以美国为首的西方国家为轴心的。但在美国霸权相对衰落之际，从物理层面上，以美国为首的西方国家为世界提供公共产品的意愿与能力均相对下降；在制度层面上，美国领导与参与全球治理越来越以自身及盟友的单方面利益（特别是安全利益）为核心，越来越不具备包容性。

材料 2：公元前 5 世纪，古雅典的迅速崛起震动了老牌陆地强权斯巴达。恐惧迫使原有强国斯巴达做出反应，威胁和反威胁催生了竞争、对抗以及冲突。长达 30 年的战争最终毁了这两个城邦。古希腊著名历史学家修昔底德认为，一个新崛起的大国必然要挑战现存大国，而现存大国也必然要回应这种威胁，这样战争就变得不可避免。1500 年以来，新崛起的大国挑战现存大国的案例共有 15 例，其中发生战争的就有 11 例，最显著的就是德国。德国统一之后，取代了英国成为欧洲最大的经济体。在 1914 年和 1939 年，德国的侵略行为和英国的反应导致了两次世界大战。在亚洲也有类似的经历。日本崛起之后，就想挑战欧洲殖民地在亚洲建立起来的或者正在建立的秩序，确立以日本为中心的亚洲秩序，最终爆发了日本以反对西方列强为名而侵略亚洲其他国家的战争。

材料 3：习近平总书记在党的二十大报告中指出，"构建人类命运共同体是世界各国人民前途所在"。这为破解所谓"修昔底德陷阱"指明了人间正道。俄罗斯有句谚语："忘记过去，失去一只眼睛；沉溺于过去，失去双眼。"近年来，一些西方学者沉溺于过时的国际秩序，用历史上的只言片语预测中美关系难以跨越所谓"修昔底德陷阱"，对中国发展充满疑虑。这是错误的，也是没有必要的。

【案例讨论】中美关系是否能够跨越所谓的"修昔底德陷阱"？

【案例分析】

习近平总书记强调，看待中美关系，要看大局，不能只盯着两国之间的分歧，正所谓"得其大者可以兼其小"。中美两国在全球治理中具有广泛共同利益，完全能够以合作化解冲突，建设性管控分歧，共同完善全球治理体系，构建人类命运共同体。这不仅有利于发挥各自优势、加强合作，也有利于推动解决当前人类面临的重大挑战。可以说，中美有一千个理由合作，完全能够跨越所谓的"修昔底德陷阱"。

【教学建议】本案例可用在第二章第二节的教学中。

案例5 对比中西抗疫答卷我们的制度优势

【案例呈现】

材料1：政治发展道路是关系根本、关系全局的重大问题。任何一个国家的正确政治发展道路都是在其特定社会政治条件下、历史文化传统基础上长期发展演化形成的。"物之不齐，物之情也。"不同国家的政治发展道路各不相同，制度形态也有较大区别，并不存在适用于一切国家的政治发展道路。

材料2：福山（Francis Fukuyama）最近撰文指出，美国如此糟糕的抗疫行为，并不能够用西方的"民主制度"概念来解释；中国政府有效的抗疫行动，也不能够用西方所说的"专制"，或者中国本身所说的"举国体制"来解释。把各国政治制度简单地二分为"民主"与"专制/举国体制"，就必然走向政治化和意识形态化，导致双重标准，看不到事物的真相。

材料 3：肆虐全球的新冠疫情，是全人类的共同敌人，是对世界各国治理体系和治理能力的一次大考。习近平总书记指出："这次抗击新冠肺炎疫情，是对国家治理体系和治理能力的一次大考。"① 在这场大考中，中国速度、中国力量、中国精神得到进一步淬炼和验证。中国共产党领导中国人民迎难而上、顽强拼搏，取得了抗疫重大战略成果，为世界疫情防控争取了宝贵时间、贡献了重要经验、提供了强大支援、增添了必胜信念。与中国相比，一些西方大国疫情应对表现和成效却有所不及，不仅经济社会发展遭受重创、文化价值观念备受质疑，还有大量民众被病魔夺去生命或身处苦难之中。

【案例讨论】抗疫大考下的中西之比。

【案例分析】

疫情考验的是一个国家的制度安排，体现的是一个社会的治理能力。这场疫情对国际形势和世界格局产生深刻影响，也促使人类对自己的命运和发展进行反思。这个时候重温 100 多年前马克思、恩格斯、列宁的有关论述，能够清晰地看到，当年他们对资本主义社会弊端的洞察和对社会主义优越性的论断，在这场全球疫情防控的实践中得到直接印证。历史是最好的教科书。经此一疫，"中国之治"和"西方之乱"形成的鲜明对照、社会主义制度和资本主义制度显现的优劣高低必将进一步彰显中国特色社会主义制度的显著优势，更好地教育人民、激励人民，进一步增强"四个自信"，为实现中华民族伟大复兴而努力奋斗。

【教学建议】本案例可用在第二章第三节的教学中。

---

① 习近平. 习近平主持召开中央全面深化改革委员会第十二次会议强调：完善重大疫情防控体制机制，健全国家公共卫生应急管理体系 [N]. 人民日报，2020-02-15（1）.

四、参考文献

［1］栾建章.百年大变局遇上百年大流疫［M］.北京：当代世界出版社，2020.

［2］傅莹.新冠疫情后的中美关系［J］.企业观察家，2022（6）.

［3］金灿荣，张轩明.国际格局演进与中美战略互动［J］.前线，2022（2）.

［4］韩召颖，黄钊龙.对冷战后美国大战略的考察：目标设置、威胁界定与战略实践［J］.当代亚太，2019（5）.

［5］金灿荣.疫情之下的国际格局新变化［J］.人民论坛，2022（1）.

［6］金灿荣.疫后世界瞻望：新图景、新趋势及影响评估［J］.人民论坛，2020（22）.

［7］金灿荣.如何深入理解"世界正面临百年未有之大变局"［J］.领导科学论坛，2019（14）.

［8］沈壮海，王芸婷.抗疫大考下的中西之比［J］.求是，2021（15）.

［9］孙吉胜.新冠肺炎疫情下国际舆论的新特点与中国国际话语权建设［J］.当代世界，2020（10）.

［10］赵磊.新冠肺炎疫情下的百年未有之大变局：特点与影响［J］.当代世界，2020（2）.

［11］胡鞍钢.新冠全球大流行背景下中国疫情防控与扩大内需［J］.新疆师范大学学报（哲学社会科学版），2020（6）.

［12］郑永年.疫情与制度之争的谬误［N］.联合早报，2020-05-05.

［13］岳淑芳，孙旭."修昔底德陷阱"与"醒来的狮子"［N］.内蒙古日报，2015-11-02.

［14］王义桅．破除"修昔底德陷阱"的迷思［N］．人民日报，2017-12-10．

［15］国纪平．世上本无"修昔底德陷阱"［N］．人民日报，2019-06-18．

［16］房宁，丰俊功．中国特色社会主义政治发展道路的内在逻辑［N］．人民日报，2019-10-22．

［17］关健斌．乌克兰怎么了［N］．中国青年报，2014-02-23．

第三章　当代世界文化

一、理论知识概要

（一）知识结构

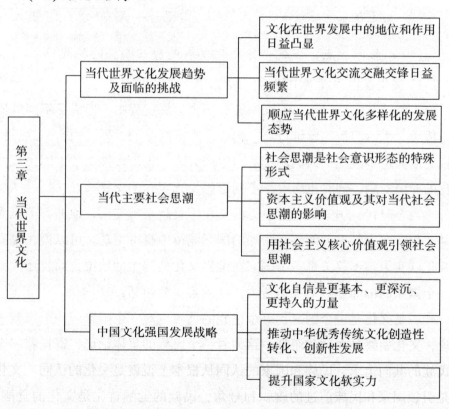

（二）理论知识

文化是一个国家、一个民族的灵魂，也是人类进步、社会发展的重要推动力量。当今时代，文化在人类社会发展中的地位和作用更加显著，随着经济全球化的深入发展，文化日益多元化，各种文化的交流交融交锋日趋频繁，当代社会思潮相互激荡，世界文化格局正在发生深刻改变。当代世界，各种社会思潮更加纷繁复杂，对人们的思想乃至行为产生深刻的影响。正确认识和分析当代社会思潮的本质和影响，对于坚持和巩固马克思主义在意识形态领域的指导地位，发展积极健康向上的主流思想舆论具有重要意义。

二、教学重点、难点

（一）教学重点：当代世界文化发展趋势及面临的挑战

1. 文化在世界发展中的地位和作用

人类社会产生以来，不同民族在历史发展过程中，形成了不同的历史传统、生活习俗和思维特点，构成了丰富绚丽的世界文明。二战后科技的巨大进步改变了人们的生活与生产方式，也极大推动了不同民族文化的交流交融，同时也引发了不同思想文化观念的交锋。

当今时代，国家核心竞争力的文化因素越来越突出，谁拥有了强大的文化软实力，谁就能够在激烈的国际竞争中赢得主动。可以说，提高文化软实力，不仅关系一个国家在世界文化格局中的地位，而且还关系一个国家的国际影响力和塑造力。其内容主要包括：

一是文化是一个国家、一个民族的灵魂。对一个国家、一个民族来说，文化始终是血脉和纽带，铭刻着一个民族的集体记忆，寄托着一个民族的共同追求，民族和国家的认同从根本上说就是文化的认同。文化是引领国家和民族前进的旗帜和号角，民族的觉醒首先是文化的觉醒，社会的进步总是以文化的进步为先导。

二是文化是社会文明进步的标识。随着人类实践的不断深化，人们对文化的地位、作用的认识大大提升，越来越多的人认识到，文化不仅是现代化建设的重要保证，而且是经济社会发展不可或缺的重要内容和重要目标。从文化在经济发展中的作用来看，文化不仅直接贡献于经济增长，而且在提升经济发展质量中发挥着越来越重要的作用。

三是文化是综合国力的重要组成部分。当代世界，文化在综合国力竞争中的地位和作用更加明显，文化与经济融合产生的竞争力越来越成为一个国家最根本、最持久且难以替代的竞争优势。许多国家都把提高文化软实力作为重要战略，利用文化展示本国形象、拓展国家利益。

2. 当代世界文化交流交融交锋日趋频繁

当今世界正处在大发展大变革大调整时期，各种思想文化交流交融交锋更加频繁。准确把握这一趋势和特点，以更加开放的姿态加强同其他民族的文化交流，促进不同文化的相互交融，取长补短，积极应对日趋激烈的文化交锋，繁荣发展中国特色社会主义文化，不断提高中华文化的国际影响力。

（1）文化交流空前活跃

文化交流是人类活动的重要组成部分，不同国家、地区之间通过文化交流，可以推动人们沟通心灵、开阔眼界、增进共识，使人们在持续的文化交流中提升素养，使文化交流成为构建人类命运共同体的重要路径。经济全球化的快速发展推动了文化交流的空前活跃，为世界各国、各民族开展文化交流奠定了重要基础。

（2）文化交融日益加深

文化交融是指不同类型的文化之间的相互结合、相互吸收的过程及其形态。在交融的过程当中，各种文化之间相互结合、相互渗透。在当代世界，不同文化之间的相互影响、相互借鉴的趋势更加突出。文化交融体现在不同文化背景下人们的语言、思维、风俗、价值观的相互渗透，体现为不同国家、不同民族文化的相互促进。文化交融不是不同文化之间的无序融合，人们在文化交融过程中，通过对不同文化的比较与选择，推动文化的变革创新和发展进步。世界不同文化交融发展，深刻改变了人们的生活方式。

（3）文化交锋复杂尖锐

不同国家和民族的文化由于历史和传统不同，必然存在差异。任何一种思想文化，都是在不同文化的相互碰撞、相互借鉴中不断发展的。当然，在文化交流互鉴的过程中，既有学习、消化、融合、创新，同样也会伴随着冲突、矛盾、疑惑、拒绝。对待不同文化的态度，应该是平等的、互相尊重的。文化因平等才有交流互鉴的前提，各种文化都各有千秋，也各有不足，了解各种文化的真谛，必须秉持平等、谦虚的态度。如果居高临下对待另一种文化，不仅不能参透文化的奥妙，还会与之格格不入，激化不同文化之间的交锋与冲突。当代世界，随着文化交流特征日趋明显，文化之间的碰撞、交锋也日益突出，存在着不承认"各种文化应当平等交流"的文化霸权倾向。

3. 顺应当代世界文化多样化的发展态势

文化因多样才有交流互鉴的价值。人类在漫长的历史长河中，创造和发展了多姿多彩的文化。各种独特的文化形态，不同的历史文化渊源，决定了当代世界文化及其发展的多样化趋势。必须遵循求同存异的原则，顺应文化多样化的发展趋势，尊重不同民族独特的文化发展道路，并且在相互学习借鉴中推动文化发展繁荣。

（1）维护世界文化多样化

和而不同是一切事物发生发展的规律，世界文化的发展也不例外。多样化是世界文化的基本属性和基本样态，维护世界文化多样化是推动世界文化健康发展的基本前提。每个民族的文化保持其特色和生命力，不仅是本民族生存发展的需要，也是其他民族发展的需要。每一个国家和民族的文化都扎根于本国本民族的土壤之中，都有自己的本色、长处、优点，都有自己存在的价值，要正确处理本国文化与其他文化的差异。每一个国家和民族的文化都是独特的，多样的世界文化是世界多样性的重要内容。

（2）尊重各国各民族文化

没有各民族文化的健康发展，就没有世界文化的健康发展。每个国家、每个民族不分强弱、不分大小，其思想文化都应该得到承认和尊重。不同国家、民族的文化各有千秋、各具特色。文化特别是蕴含其中的核心价值观是一个国家、一个民族的灵魂；一个国家的历史及其记忆，积淀在文化中；一个民族的生命力，聚积在文化中；一个事业的前途命运，蕴含在文化中。承认和尊重本国本民族的文化传统，不是要搞自我封闭，更不是要搞唯我独尊。发展本国本民族文化，应该看到别国别民族思想文化的长处和精华，在开放、包容、交融、互鉴中更好地促进本国本民族思想文化的自尊、自信、自立。

（3）促进文化交流互鉴

文化因交流而多彩，文化因互鉴而丰富。文化具有流动性和开放性，任何一种文化，不管它产生于哪个国家、哪个民族的社会土壤之中，都是流动的、开放的，这是文化发展的一条重要规律。在经济全球化条件下，没有一个国家可以自我封闭起来搞建设，开放是各民族生存发展的基础和条件，这里的开放包括文化上的开放。不同文化的相互开放、相互学习已经成为不同国家、民族发展进步的重要途径。

4. 社会思潮及其主要特点

社会思潮是一定历史时期社会意识形态的一种特殊形式，是思想文化的集中体现。正确的社会思潮可以促进社会发展和时代进步，错误的社会思潮会误导人们的认知，扰乱社会思想，甚至引发社会动荡。社会思潮一般是指在一定时期内，以特定的社会存在为基础，以较为直观的方式，反映某一阶级、阶层或群体的利益和要求，广泛传播并对社会生活产生一定影响的思想趋势或思想潮流。社会思潮的主要特点表现为：

（1）倾向性。社会思潮是特定历史条件下的产物，是社会存在的反映。它代表了一定社会阶级、阶层或群体维护自身利益的思想主张，因而具有一定的倾向性。

（2）多样性。由于当代社会经济结构、社会组织、就业方式、分配方式日益多样化，相应地引起社会思想更加多元多样多变，使社会思潮出现丰富的变化，即在一定时期内出现反映现阶段不同群体利益诉求的多种社会思潮。

（3）易变性。社会思潮作为一种理论观点或思想流派，容易受到不断变化的社会实践、社会心理和社会情绪的影响，是一种不稳定的社会意识形态，具有较大的易变性。

（4）扩散性。某种社会思潮一旦形成，往往会影响和干预人们的思想和现实生活，从而引起较大的社会关注。同时，社会思潮多以情绪性、大众性和流行性的语言表达，在传播中更易于扩散。

（5）可塑性。多样化的社会思潮并不是完全无序的，往往会受更强大、更有说服力的意识形态的影响，具有可以被引导的特点。用主流意识形态引领社会思潮是国家治理的需要，是社会主流思想文化的基本功能。

（二）教学难点

1. 资本主义价值观及其对当代社会思潮的影响

资本主义价值观主要是指近代以来在欧洲资本主义发展过程中形成和发展起来的，适应资本主义经济政治制度、以资产阶级意识形态为主导的价值观。

（1）资本主义价值观的形成及其历史演变

资本主义价值观是随着资本主义生产方式的形成发展，经过长期历史过程逐渐形成的。资本主义价值观的核心是个人主义，强调个人利益至上，宣扬自由主义、功利主义、拜金主义和享乐主义，这些价值观是资本主义经济制度和政治制度的理论基础。在经济上它为资本主义的雇佣劳动关系和市场经济准则提供了价值观基础，并做出道义上的辩护；在政治上它是资产阶级统治的思想工具，是资本主义制度的理论支撑和思想前提；在文化上，它反映了资产阶级的道德准则和价值要求，是资本主义精神的内核。比如，资产阶级在上升时期，为了实现和维护本阶级的利益，提出了自由、民主、平等、博爱、人权等价值观念，以此反对宗教神权和封建专制，扫清了资本主义生产关系发展的思想障碍后，就逐步背离了当初的宣言，不断强化阶级的专政。

（2）当代错误社会思潮的主要表现及对中国的影响

近年来，一些错误社会思潮在我国时有出现，主要包括西方宪政民主、"普世价值"、公民社会、新自由主义、西方新闻观、历史虚无主义、质疑改革开放和质疑中国特色社会主义的社会性质等。

西方宪政民主。西方宪政民主思潮是近些年出现的西方政治思潮，有着鲜明的政治内涵和指向。它鼓吹要在全球推销西方资本主义政治制度，实行西方式的三权分立、多党制、普选制、司法独立、军队国家化。西方宪政民主思潮具有一定的迷惑性、欺骗性，它借用"依法、依宪"等观念，把中国共产党的领导与宪法和法律实施对立起来，企图把依宪执政与西方宪政民主等同起来，以西方政治制度和政治理念置换社会主义宪法、维护中国宪法法律尊严等概念，其最终目的就是要把西方宪政和资本主义民主搬到中国来，使中国改旗易帜、改弦更张。

"普世价值"。所谓"普世价值"并不是指人类道德评价、审美评价的普遍性或共性，也不是基于利益协调基础上形成的价值共识，而是把资本主义的政治价值观及其制度设计泛化为"普世价值"和"普世模式"，即把西方的自由民主制度普世化。

公民社会。公民社会思潮是西方一些人为适应发达资本主义国家在世界各国扩大政治、经济、文化影响的需要而鼓吹的社会政治思潮。它把国家的阶级统治关系歪曲为所谓的"个人权利"与"公权力"之间的对抗，其目的是推销西方的政治模式。近年来，一些国家在全世界推行"新干涉主义"，到处搞"颜色革命"，公民社会思潮充当了其思想工具。事实上，这些国家所谓的"公民社会"组织并不像公民社会思潮宣扬的那样，是"超政府"的，而大多数是在垄断资本和政府控制之下的。一些人打着捍卫公民权利的旗号，其目的是制造人民政府与人民群众的对立，否定党的领导和人民民主专政制度。

新自由主义。新自由主义是当代国际垄断资本的政治纲领和经济范式，本质上反映了垄断资产阶级利益，是为国际垄断资本全球扩张服务的。它在经济上主张完全"自由化"、全面私有化和市场化，否定政府宏观调控；在政治上全面否定社会主义制度、鼓吹多党制；在国际战略和政策上鼓吹以超级大国为主导的全球经济、政治、文化一体化，即全球资本主义化。近年来，一些国家极力推行新自由主义，借助社会思潮传播扩散，给许多发展中国家带来了灾难性后果。新自由主义思潮在当代中国有比较大的影响和危害，其核心是主张取消公有制、实行私有化，试图从根本上改变我国的基本经济制度。

西方新闻观。西方新闻观以抽象的"人性、理性"为出发点，鼓吹无条件的、绝对的、超阶级的新闻自由，标榜新闻媒体是"社会公器、第四权力"。实际上是指西方发达资本主义国家的主流新闻意识形态。这套意识形态经过长期演化，已经成为一套精致的意识形态"迷彩服"。它不仅在西方社会有着广泛的社会影响力，还以"普世"的名义行销全球。西方新闻观是由一系列概念嵌套起来的观念链条。西方发达国家不满足于其新闻观在国内的传播，将其包装成为超越时空、获得批判豁免权的超级意识形态，并凭借强大的传播能力，将其行销到西方国家以外的地方。

历史虚无主义。历史虚无主义，把历史视为一种无主体的偶然结果，否定历史唯物主义与历史决定论，这种"虚无主义"就是历史虚无主义。历史虚无主义具有极大的欺骗性、迷惑性，其本质就是以所谓"重新评价"为名，歪曲中国近现代革命历史、党史、国史、军史。历史虚无主义通过否定历史主体，颠覆唯物史观，历史虚无主义强调个体性叙事，通过对个案的展示，用个体历史的细节研究来演绎整体历史。历史虚无主义思潮的一个突出表现，就是竭力贬损和否定革命，诋毁和嘲弄中国人民争取民族独立和人民解放而进行的反帝反封建斗争，诋毁和否定我国社会发展的社会主义取向及其伟大成就。所谓"告别革命"论，既是这种思潮的集中表现，又是它不加隐讳的真实目的。他们否定近代中国历史上的农民运动，认为"每次农民革命都造成社会生产大规模的破坏"。继而，抬高洋务运动，贬低戊戌变法，抬高清廷的"新政"，贬抑辛亥革命、五四运动和中国共产党领导的革命运动。经过这样的"重新评价"，从鸦片战争到中华人民共和国成立的历史，以及之后因革命而走上社会主义道路并获得伟大成就的历史，就从根本上被否定了。历史虚无主义把"重新评价"的重点放在近现代史的原因，就是为了否定革命。历史虚无主义思潮另外一个面目是在"重新评价""重写历史"的名义下，做翻案文章，设置"理论陷阱"。

（3）用社会主义核心价值观引领社会思潮

在当代中国，随着经济社会的深刻变革，人们思想活动的独立性、选择性、多变性、差异性不断增强。在社会主流思想舆论不断扩大的同时，各种社会思潮也出现了多样化的趋势。用社会主义核心价值观引领多样化社会思潮，是巩固马克思主义在意识形态领域指导地位、巩固全党全国各族人民团结奋斗的共同思想基础的必然要求，也是提升国家文化软实力、推动社会主义文化繁荣的必然要求。

①当代中国社会思想的多样性。当代中国社会思想和舆论的总体态势是正确、进步、积极、向上的。但是，当代中国社会思想文化领域也

出现了一些复杂的新情况。主流和非主流的思想观念并存，既有正确的、积极的、进步的社会思潮，也有错误的、消极的、落后的社会思潮；尤其是随着中国对外开放和交往增多，西方社会思想文化越来越多地涌入中国，其中一些对中国实施西化、分化图谋、进行意识形态和价值观渗透，企图利用西方文化中心论、文明冲突论、文明优越论等冲击中国的文化自信，利用宗教、人权、涉台、涉藏、涉疆等敏感问题削弱中国人民共同奋斗的思想基础，通过夸大、歪曲、炒作中国国内发生的一些社会热点问题，攻击社会主义制度，挑战马克思主义的指导地位、挑战中国共产党的领导、挑战社会主义先进文化，从而进一步增加了社会思想文化领域的复杂性。

②正确引领社会思潮。当代中国正处在发展的关键期、改革的攻坚期、矛盾的凸显期，各种社会思潮活跃是正常现象，同时也必须加以思想引领。要求我们首先掌握马克思主义世界观和方法论，只有运用这个作为指引，才能客观科学认识各种社会思潮的本质及后果。其次，要善于用中国特色社会主义的生动实践驳斥各种错误的社会思潮。最后，要正确开展舆论斗争和思想斗争。对待错误的社会思潮不能简单否定了事，要从理论、历史、现实等角度，全面深入科学地进行剖析，要旗帜鲜明、立场坚定，在大是大非和政治原则问题上敢于批评、敢于亮剑，对错误思潮的本质、危害以及迷惑性进行深入揭露。

③凝聚和培育当代中国社会的价值共识。社会主义核心价值观是社会主义核心价值体系的内核，体现社会主义核心价值体系的根本性质和基本特征。这要求我们以先进的思想和彻底的理论为指导，体现社会主义的精神追求，立足中华优秀传统文化，把社会主义核心价值观融入社会生活。

2. 中国文化强国发展战略

文化强民族强。没有高度的文化自信，没有文化的繁荣兴盛，就没有中华民族的伟大复兴。要坚定文化自信，增强文化自觉，坚持走中国特色社会主义文化发展道路，激发全民族文化创新创造活力，不断提高国家文化软实力，建设社会主义文化强国。

（1）文化自信是更基本、更深沉、更持久的力量。文化自信，是更基础、更广泛、更深厚的自信，是更基本、更深沉、更持久的力量。坚定文化自信，事关国运兴衰、事关文化安全、事关民族精神独立。历史和现实都证明，没有中华文化繁荣兴盛，就没有中华民族伟大复兴。一个民族的复兴需要强大的物质力量，也需要强大的精神力量。没有先进文化的积极引领，没有人民精神世界的极大丰富，没有民族精神力量的不断增强，一个国家、一个民族不可能屹立于世界民族之林。坚定文化自信的历史依据与现实基础。

（2）推动中华优秀传统文化创造性转化、创新性发展。中华优秀传统文化是中华民族的"根"和"魂"，是中国特色社会主义植根的沃土，是我们在世界文化激荡中站稳脚跟的根基。中华民族为人类文明进步做出了不可磨灭的贡献，中华民族传统文化蕴含的思想观念，为人们认识世界和改造世界提供了有益启迪，为治国理政提供了有益借鉴。我们要积极推动传统文化与时代文化的相融相通，对传统文化进行创造性转化、创新性发展，处理好继承与创造性发展的关系，实现中华文化的创造性转化和创新性发展。

（3）提升国家文化软实力。文化软实力集中体现了一个国家基于文化而具有的凝聚力和生命力，以及由此产生的吸引力和影响力。提升国家文化软实力，关系我国在世界文化格局中的定位，关系我国国际地位和国际影响力。因此，我们要弘扬传播当代中国价值，弘扬中国特色社会主义价值观念，不断深化文化体制改革，推进国际传播能力建设，创新对外宣传方式，讲好中国故事，阐发中国精神，展现中国风貌，让世界对中国多一分理解，多一分支持。

三、特色案例

案例1　文化是一个国家、一个民族的灵魂

【案例呈现】

材料1：习近平："一个国家、一个民族不能没有灵魂。"①

材料2：习近平："讲清楚中华民族优秀传统文化是中华民族的突出优势，是我们最深厚的文化软实力。"②

【案例讨论】中华优秀传统文化的丰富底蕴及其当代价值。

【案例分析】"百里负米"

"孝"是古代中国，乃至现代中国一项极其重要的伦理关系准则。仲由，字子路、季路，春秋时期鲁国人，孔子的得意弟子，性格直率勇敢，十分孝顺。早年家中贫穷，自己常常采野菜做饭食，却从百里之外负米回家侍奉双亲。父母死后，他做了大官，奉命到楚国去，随从的车马有百乘之众，所积的粮食有万钟之多。坐在垒叠的锦褥上，吃着丰盛的筵席，他常常怀念双亲，慨叹说："即使我想吃野菜，为父母亲去负米，哪里能够再得呢？"孔子赞扬说："你侍奉父母，可以说是生时尽力，死后思念啊！"后人把子路的孝顺称为"百里负米"。

【教学建议】本案例可用在第三章第一节《当代世界文化的发展趋势》中第一部分"文化是一个国家、一个民族的灵魂"的教学中。

案例2　当代世界文化交流交融交锋日趋频繁

【案例早现】

材料1：习近平："文化就像一个绵延不断的河流，源头来自远古，

① 习近平. 一个国家、一个民族不能没有灵魂 [J]. 求是，2019 (8).

② 习近平. 习近平出席全国宣传思想工作会议并发表重要讲话 [EB/OL]. 人民网，2013-08-21.

又由许多支流、干流汇合而成。文化交流是民心工程、未来工程，潜移默化、润物无声。"①

【案例讨论】为什么说当前人们在接受世界各地产品的同时，也产生了对其背后精神文化了解学习的需求，经济全球化程度越高，这种需求越旺盛？

【案例分析】

《来华外国留学生：到中国留学，我们才有希望和未来!》②

在非洲，不少国家的媒体对中国成功的经验多有报道，呼吁学生积极到中国留学取真经，将来为国家建设服务。在这种大环境下，非洲学生对赴中国留学有着强烈的兴趣，在埃及和苏丹，学生们甚至以到中国留学为时尚。

联合国教科文组织的研究报告显示，在过去的 15 年间，到中国留学的非洲学生人数激增，从 2003 年的不到 2000 人，增加到 2015 年的近 5 万人。埃及开罗大学中文系二年级学生哈立德直言不讳地对《环球时报》记者说："中国是希望，中国代表着未来，到中国留学，我们才有希望和未来。"

中国驻埃及使馆教育处官员韩仲在接受《环球时报》记者采访时介绍说，埃及学生到中国留学的积极性很高。从中国政府奖学金来看，中方更鼓励埃及学生到中国读硕士和博士研究生。埃及学生可以登录中国国家留学基金管理委员会网站进行报名，然后把申请相关材料递交埃及高教部，由埃及高教部负责面试和筛选后，向中国进行推荐。2018 年，中国给埃及的政府奖学金名额为 139 个，埃及学生的报名非常踊跃。至于选拔标准，埃及高教部优先照顾埃及各高校教师，鼓励他们去中国深造，读更高的学位。热门专业主要包括农学、兽医学、中国传统

---

① 习近平.文化交流是民心工程　未来工程［EB/OL］.共产党员网，2013-03-26.
② 黄培昭，纪双城，范凌志.来华外国留学生：到中国留学，我们才有希望和未来［EB/OL］.外海网，2018-07-22.

中医、工程技术等，也有不少学生希望在中国继续深造汉语。前年享受中国政府奖学金的学生是 109 人，2016 年 107 人，2018 年的名额更多。2017 年，埃及赴华留学的学生总数为 1700 多人。除享受包括中国政府奖学金的学生以外，还有一些学生的留学是通过中国与埃及之间的校际合作进行的，如华中农业大学向埃及本哈大学研究生提供硕士与博士奖学金。

【教学建议】本案例可用在第三章第一节《当代世界文化的发展趋势》中的第一部分"文化交流空前活跃"的教学中。

案例 3　顺应当代世界文化多样化的发展态势

【案例呈现】

材料 1：习近平："我们应该维护各国各民族文明多样性，加强相互交流、相互学习、相互借鉴，而不应该相互隔膜、相互排斥、相互取代，这样世界文明之园才能生机盎然。"①

材料 2：习近平："正确对待不同国家和民族的文明，正确对待传统文化和现实文化，是我们必须把握好的一个重大课题。"②

【案例讨论】每一个国家和民族的文化都扎根于本国本民族的土壤之中，都有自己的本色、长处、优点，都有自己存在的价值，每一个国家和民族的文化都是独特的，多样的世界文化是世界多样性的重要内容。

【案例分析】

非洲有着悠久的文明史和灿烂的文化。后世考古发现表明，非洲大陆是人类文明发祥地之一，东非曾发掘出最古老的人类化石，迄今已有 320 万年的历史。有的科学家认为，人类的祖先就生活在非洲。非洲四

---

① 习近平. 要维护世界文明多样性［EB/OL］. 人民网，2014-09-25.
② 习近平. 在纪念孔子诞辰 2565 周年国际学术研讨会上的讲话［EB/OL］. 新华网，2014-09-24.

大河流尼罗河、刚果河、尼日尔河和赞比西河均孕育出了灿烂的非洲古代文明。其中，尼罗河流域还是世界级古代文明的摇篮。3000 多年前的古埃及被誉为世界四大文明古国之一，创造出以金字塔为象征的辉煌文化。在中南部非洲，到处可以看到铁器时代的遗迹，还可见到古时梯田和人工灌溉工程的遗址。建有数千幢房屋的恩加鲁卡古城遗址、建于公元 500 年左右的大津巴布韦石头建筑物遗址都是中南非古代文明的标志。非洲中部和南部也先后出现过一些有名的国家，诸如拥有发达农业、采矿业和对外贸易的莫诺莫塔帕王国、建立起高度中央集权制度的刚果王国、雕刻艺术品达到相当水平的库巴王国、社会分工很发达的布干达国等。

【教学建议】本案例可用在第三章第一节《当代世界文化的发展趋势》中第三部分"维护世界文化多样化，尊重各国各民族文化"的教学中。

案例 4 资本主义价值观及其对当代社会思潮的影响

【案例呈现】

材料 1：吴传毅："西方宪政民主的实质是什么？从其代表的阶级利益看，它代表和维护的是资产阶级的根本利益和意志；从其理论基础看，它是以私有财产神圣不可侵犯为逻辑基础；从其价值取向看，它是以个人主义为出发点与落脚点的。值得说明的是，最初的西方宪政民主框架和'包装词'带有很浓厚的理想主义情结，'自由、民主、平等、人权、理性、共和'这些外包装具有极大的诱惑性和欺骗性。但是在运作过程中却暴露出很多缺陷：一是两党制及多党制演变成了"轮流坐庄"，而"轮流坐庄"的实质是"轮流分赃"，以实现党派利益的平衡。甚至在利益分配不均而无法取舍时，出现了所谓的'联合执政'。"①

---

① 吴传毅．走出西方宪政民主思潮的迷雾［J］．学习论坛，2014（9）：42-45.

【案例讨论】近年来，一些错误社会思潮在我国时有表现，主要包括西方宪政民主、"普世价值"、公民社会、新自由主义、西方新闻观、历史虚无主义、质疑改革开放和质疑中国特色社会主义的社会性质等。

【案例分析】

《"精日"分子赵立新在网上发问"日本人为何没烧故宫"，并与网友"辩论"》

"精日"分子否定日本军国主义侵略的事实，这也是一种历史虚无主义，他们将历史虚无化、阴谋化，构筑出来分裂而虚假的历史，罔顾革命先烈和受难同胞的亡魂，挑衅社会的公理和中华民族的爱国情怀。比如，在 2019 年 4 月 2 日，演员赵立新在微博发文："日本人占领北京八年，为什么没有抢走故宫里的文物并且烧掉故宫？这符合侵略者的本性吗？"引发了众多网友怀疑，历史客观事实没有学好可以理解，为什么政治立场还是错误的呢？而且也有很多网友发现赵立新不是第一次发表不当言论了，之前还曾在微博上发表疑问："英法联军为什么要火烧圆明园？"网友好心好意解答："得不到就毁灭。"赵立新不死心，接着问："那紫禁城呢？是忘了还是没带打火石？"这种一系列的问题，不仅不能体现他的求知欲，反而更加体现了他的无知。在这件事情发生之后，赵立新本人并没有认真反省，反而接二连三地为自己辩驳，伴有政治立场错误的问题，这一系列操作彻底激怒了广大网友，随后各大官博批评其观点不正确，《新民周刊》更是直言赵立新已经到了适用"驱逐出境"的级别。在这之后网友更坐不住了，质疑他的政治立场和爱国情怀，最终赵立新顶不住舆论压力，发表了道歉声明，并且注销了个人和工作室微博。

【教学建议】本案例可用在第三章第二节《社会思潮中的文化渗透与思想引领》中第二部分"资本主义价值观及其对当代社会的影响"的教学中。

案例 5　用社会主义核心价值观引领社会思潮

【案例呈现】

材料 1：习近平："要切实把社会主义核心价值观贯穿于社会生活方方面面。要通过教育引导、舆论宣传、文化熏陶、实践养成、制度保障等，使社会主义核心价值观内化为人们的精神追求，外化为人们的自觉行动。"①

【案例讨论】 在当代中国，随着经济社会的深刻变革，人们思想活动的独立性、选择性、多变性、差异性不断增强。在社会主流思想舆论不断扩大的同时，各种社会思潮也出现了多样化的趋势。用社会主义核心价值观引领多样化社会思潮，是巩固马克思主义在意识形态领域指导地位、巩固全党全国各族人民团结奋斗的共同思想基础的必然要求，也是提升国家文化软实力、推动社会主义文化繁荣发展的必然要求。

【案例分析】

张桂梅老师先进事迹

1957 年 6 月，张桂梅出生于黑龙江省牡丹江市的一个满族农民家庭。在张桂梅还很小的时候，她的母亲就病逝了，十多岁的她跟随参加"三线建设"的姐姐来到云南省中甸县（现香格里拉市）。1975 年 12 月，张桂梅在当地参加工作，成为中甸林业局办公室的一名工作人员，后来她考入丽江市教育学院读书。1990 年毕业后，张桂梅随丈夫调到大理白族自治州喜洲一中任教。1996 年 8 月，丈夫因癌症去世，张桂梅自己要求调到地处边远的丽江市华坪县中心学校。1997 年，张桂梅因为教学工作出色，被调到华坪县民族中学，并请她担任初三毕业班的班主任。1997 年 4 月，张桂梅查出患有子宫肌瘤，且肌瘤已经有 5 个月胎儿那么大，需要立即住院治疗。2001 年，张桂梅兼任新建的华坪县

---

① 习近平. 习近平谈社会主义核心价值观［EB/OL］. 新华网，2016-12-09.

儿童福利院（华坪儿童之家）的院长。第一天，儿童之家收了36个孩子，最小的2岁，最大的12岁。此后，张桂梅除了上课，还要一把屎一把尿地照顾这些幼小的孤儿。2008年8月，全国第一所全免费的女子高级中学在华坪建成。十余年前，一场家庭变故让张桂梅从大理来到丽江山区；原本只想忘却爱人过世的悲伤，却让她看到了山区贫困孩子一张张渴望知识的纯真面庞。爱的本能让这位女教师在山区扎了根。为了改善孩子们的生活、学习状况，她节衣缩食，每天的生活费不超过3元，省下的每一分钱都用在学生身上。日积月累，张桂梅先后捐出了40多万元。令她自豪的是，她的学生没有任何一个因贫穷而辍学。2006年，云南省政府奖励的30万元，她全部捐献给了一座山区小学用来改建校舍。2001年起，她义务担任丽江华坪县"儿童之家"的院长，成为54名孤儿的母亲。为了孩子们，她全身心投入教学，将病痛置之度外。她把学生送进中考考场后才去医院——医生从她腹腔切出一个超过2公斤的肿瘤。她把生命献给了这片贫瘠的土地，除了孩子们，她别无所求——"如果我是小溪，就流向沙漠，去造就一片生命的绿洲。"2007年，张桂梅成为党的十七大代表，她向公众讲述了自己的梦想，引起了社会广泛关注，2008年，华坪女子高级中学成立，这是全国唯一一所免费女高，专门供贫困家庭的女孩读书。学校建校12年以来，已有1645名大山里的女孩从这里走进大学完成学业，在各行各业做贡献。华坪女高佳绩频出之时，张桂梅的身体却每况愈下。张桂梅说："当听到学生大学毕业后能为社会做贡献时，我觉得值了。她们过得比我好，比我幸福，就足够了，这是对我最大的安慰。"张桂梅先后被评为全国先进工作者、全国十佳师德标兵、全国十大女杰、全国百名优秀母亲、全国十佳知识女性、云南省优秀共产党员；荣获全国五一劳动奖章；获得云南省首届兴滇人才奖、云岭先锋奖章；2007年，当选为党的十七大代表；2020年12月3日，中共中央授予张桂梅同志"全国优秀共产党员"称号；2020年12月10日，中宣部决定授予张桂梅时代楷模称号；2021 年 2 月 17 日，被评为"感动中国 2020 年度人物"；2021 年 6 月 29 日，荣获习总书记颁发的中国共产党成立 100 周年"七一勋章"。

【教学建议】本案例可用在第三章第二节《社会思潮中的文化渗透与思想引领》中第三部分"凝聚和培育当代中国社会的价值共识"的教学中。

四、参考文献

［1］习近平：从小积极培育和践行社会主义核心价值观：在北京市海淀区民族小学主持召开座谈会时的讲话［EB/OL］. 新华网，2014-05-30.

［2］习近平：青年要自觉践行社会主义核心价值观［EB/OL］. 人民网，2014-05-04.

［3］习近平：作风建设永远在路上［EB/OL］. 新华网，2014-03-09.

［4］习近平：使社会主义核心价值观的影响像空气一样无所不在［EB/OL］. 新华网，2014-02-24.

［5］习近平：坚定制度自信不是要固步自封［EB/OL］. 新华网，2014-02-17.

［6］习近平：建设社会主义文化强国 着力提高国家文化软实力［EB/OL］. 新华网，2013-12-30.

［7］习近平：认真贯彻党的十八届三中全会精神 汇聚起全面深化改革的强大正能量［EB/OL］. 新华网，2013-11-28.

［8］习近平：胸怀大局把握大势着眼大事 努力把宣传思想工作做得更好［EB/OL］. 新华网，2013-08-20.

［9］习近平：在同各界优秀青年代表座谈时的讲话［EB/OL］. 新华网，2013-05-04.

［10］习近平：在同全国劳动模范代表座谈时的讲话［EB/OL］.新华网，2013-04-28.

［11］习近平：在十二届全国人大一次会议闭幕会上的讲话［EB/OL］.新华网，2013-03-17.

［12］习近平在中央党校建校80周年庆祝大会上的讲话［EB/OL］.新华网，2013-03-01.

［13］习近平在参观《复兴之路》展览时强调承前启后 继往开来 继续朝着中华民族伟大复兴目标奋勇前进［EB/OL］.新华网，2012-11-29.

［14］毛瑶，张利民.新时代大学生中国精神的培育［J］.西南交通大学学报（社会科学版），2021（4）.

［15］李晨.爱国主义教育的理论根基与践行路径［J］.中共山西省省委党校学报，2021（4）.

［16］王嘉，吕君怡."圈层化"下的青年网络爱国主义［J］.探索与争鸣，2021（3）.

［17］付文广.美国对外干预思想的历史起源与基本定型［J］.拉丁美洲研究，2021（4）.

［18］韩强.中国共产党开展意识形态工作的历史进程与基本经验［J］.中国井冈山干部学院学报，2021（4）.

［19］陈小环.全媒体时代高校网络意识形态话语权构建探析［J］.中北大学学报（社会科学版），2021（4）.

［20］郑威.我国网络舆情与网络意识形态研究的可视化关联分析［J］.情报探索，2021（4）.

［21］令睿，张添翼，闫宁.从苏联解体的历史反思中探究中国特色社会主义意识形态领导权建立与实践［J］.南方论刊，2021（4）.

第四章　当代社会问题

一、理论知识概要

（一）知识结构

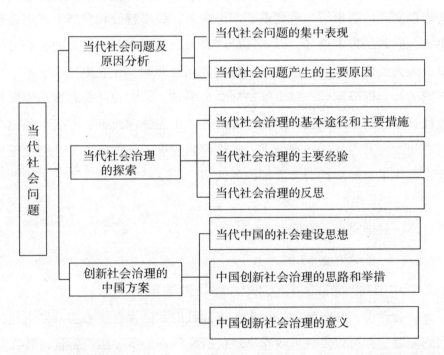

（二）理论知识

在社会治理领域，各国共性的社会问题包括人口问题、贫富差距问题、社会稳定问题以及公共安全问题；当代各国社会问题产生的根本原因在于受到生产力发展水平的制约，加上社会结构、社会体制、社会机制等加剧变革，导致社会矛盾扩大、社会阶层分化加剧，成为引发社会动荡的诱因；国际社会中不公正不合理的国际政治经济秩序问题长期存在，全球治理体系失灵的困境难以得到根本性解决。

当今世界各国通过不断调整和完善社会治理方式，不断调整公共安全政策、劳动力市场政策、农业发展政策、医疗政策以及义务教育政策等手段，以实现更好的社会治理效果。对西方发达国家社会治理的理论和政策手段运用，必须进行客观、辩证地分析，合理吸收借鉴，找寻创新社会治理的途径方法。

中国坚持以马克思主义的社会治理思想为指导，不断推动中国的社会建设实践，提出了一系列重要理论观点，提出解放和发展生产力是解决社会问题的根本途径，以实现最广大人民的根本利益为目的，着力解决广大人民群众最关心最直接最现实的利益问题，建立更加公平的、可持续的社会保障制度；坚决维护社会公平正义，实现社会和谐是中国特色社会主义的本质属性；强调统筹兼顾，正确处理改革、发展与稳定三者之间的关系等，这些观点进一步丰富和发展了马克思主义社会建设思想，深化了对经济社会发展规律的认识。

二、教学重点、难点

（一）教学重点

1. 中国共产党在国家治理中的地位和作用

社会建设与社会治理是世界各国面临的共同课题。考察众多现代国家的发展历程可以发现，政党是现代国家治理的重要组织力量，并在其间扮演着重要角色。在中国，中国共产党是最高政治领导力量。推进国家治理体系和治理能力现代化，必须高度重视党在国家治理中的领导作用，把党加强自身建设和治理摆在突出重要位置，否则就无法担当推进国家治理体系和治理能力现代化的重大职责和历史使命。中国社会治理最显著的特征和优势就是坚持中国共产党的领导，党的领导是中国特色社会主义最本质的特征，也是中国特色社会主义制度的最大优势。

2. 坚持把制度优势转化为治理优势

进入中国特色社会主义新时代以后，社会主要矛盾发生了深刻的变化。中国积极推进社会治理创新、完善社会治理体系，注重把制度优势转化为治理优势，不仅在国内实现人民安居乐业、社会安定有序、国家长治久安，而且为解决当代世界性的社会问题贡献中国智慧。

（二）教学难点

保持社会安定有序的同时又充满活力，是国家治理体系和治理能力现代化的内在诉求。在国家治理体系中，社会既是主体也是客体。作为主体，社会是共同参与国家治理的重要依托力量；作为客体，社会是国家治理的重要领域。这就意味着要根据社会结构的调整变化和国家治理的内在需求，不断创新社会治理、着力优化社会治理。

1. 中国社会治理的理论创新

中国创新社会治理的理论创新始终坚持以人民为中心，并把这一原则贯穿到社会治理体系构建的方方面面，融入到加强社会建设的全过程。历史和实践一再启示我们，始终把坚持党的领导置于国家治理的首要位置，既保证国家治理具有坚强的组织保障，又能很好地贯彻落实党对推进国家治理体系和治理能力现代化的各项主张。我国积极探索和推进各项社会治理的有效举措，始终注重坚守民生底线，突出治理重点，完善社会保障体系，引导社会心理，出台一系列惠民生、保民生的举措，实现社会治理的创新发展。

2. 中国特色社会主义社会治理体系

中国创新社会治理格局，形成了"党委领导、政府负责、民主协商、社会协同、公众参与、法治保障、科技支撑"七位一体的社会治理体系。通过加强社会建设和治理，在消除贫困、网络治理、优化社会服务、保障公共安全等方面取得了举世瞩目的成效。中国社会治理的成功实践，赢得了世界各国的广泛赞誉和充分肯定。

三、特色案例

案例 1 人民健康是民族昌盛和国家
富强的重要标志

【案例呈现】

材料 1：研究公共卫生的北京医生金子直描述了 20 世纪 20 年代北京的状况：我很遗憾，传染病反反复复且没完没了地肆虐北京；我很遗憾，北京狭窄的街道和胡同肮脏恶臭，难以忍受；我很遗憾，我们国家遭受如此之多的肺结核病，而我们没有采取任何预防措施……①

材料 2：伴随社会主义经济发展，公共卫生也极大地改善了中国人民的身心健康，传染病的发病率和死亡率都有所下降。人均寿命延长，而显著的变化在年轻人和儿童的生长和发育上。一些危险的疾病，如鼠疫、天花、黑热病、回归热和斑疹伤寒已被消除。疟疾、小儿麻痹、麻疹、痢疾和百日咳等传染病的发生率大幅降低。1970 年以来，在中国开展了全面的预防接种工作，并取得了显著的成效，男性人均预期寿命从 1949 年的 35 岁上升到了 1990 年的 72.5 岁，女性则上升到 75.2 岁。2011 年，统计公报显示在册北京居民的主要健康指标人均预期寿命为 81.2 岁，最后报告总结，北京居民的健康指标与其他国际大都市如纽约、伦敦和巴黎持平。（北京市卫生局，2012）

---

① 吴章，布洛克.中国医疗卫生事业在二十世纪的变迁［M］.蒋育红，译.北京：商务印书馆，2016：47.

材料3：国家卫生健康委发布《2021年我国卫生健康事业发展统计公报》（以下简称《公报》）。《公报》显示，2021年全国卫生健康系统认真落实党中央、国务院决策部署，统筹疫情防控和卫生健康各项工作，不断推动卫生健康事业高质量发展。居民人均预期寿命由2020年的77.93岁提高到2021年的78.2岁，孕产妇死亡率从16.9/10万下降到16.1/10万，婴儿死亡率从5.4‰下降到5.0‰。卫生健康事业各项指标持续优化。

【案例讨论】

人人健康是一个民族繁荣兴旺的基石，卫生与健康事业涉及每个人的生命安全和千家万户的幸福安康。习近平总书记强调，无论社会发展到什么程度，我们都要毫不动摇把公益性写在医疗卫生事业的旗帜上。[①] 人民健康既是民生问题，也是社会政治问题。自党的十八大以来，我国的人民健康和卫生水平大幅提高，人口预期寿命不断提升，现代医院管理制度、全民医保制度、药品供应保障制度和综合监管制度在健全和完善中。实施健康中国战略，努力实现人人安康，民族永续发展的目标。我们必须坚持公益性原则，发挥中医药和西医药相互补充协调发展的中国特色卫生健康发展模式的显著优势，把全生命周期健康管理理念贯穿到城市规划、医疗服务、管理全过程全环节。深化医疗卫生体制改革，统筹推进医疗保障、医疗服务、公共卫生、药品供应、监管体制综合改革。通过坚持开展爱国卫生运动，广泛开展全民健身运动，切实实施食品安全战略，推动从环境卫生治理向全面社会健康管理转变，倡导健康文明、绿色环保的生活方式，不断提高公民健康素养。在医保体制方面，健全全民医保体系，加快健全重特大疾病医疗保险和救助制度，鼓励社会力量办医。

[①] 中共中央宣传部. 习近平新时代中国特色社会主义思想学习问答 [M]. 北京：学习出版社，人民出版社，2021：341.

【教学建议】本案例可用于第四章《当代社会问题》中第三节"创新社会治理的中国方案"的教学中。人民健康是民族昌盛和国家富强的重要标志，中国积极探索和推进社会治理的有效举措，始终把维护人民健康权益放在重要的位置，始终注重坚守民生底线、突出治理重点、完善社会保障体系、引导社会心理，出台了一系列惠民生、保民生的举措，实现了社会治理的创新发展。

案例 2　中国高铁的发展，是我国科技创新成果的一个缩影

【案例呈现】

材料 1：云南野生菌"坐"高铁销往全国①

在丽江火车站，D8794 次动车装载着 78 件、共计 1.29 吨的松茸从丽江出发，经昆明南站运往全国各地。云南是我国主要松茸产区，其中香格里拉产区占全国总产量的 70%，是我国连续 30 年的松茸出口"冠军地"。每年 7 月至 8 月间，香格里拉、丽江等地迎来松茸盛产期。松茸常温保存时间较短，对物流要求很高。高铁快运具备高效、准时、受天气影响较小等优势，在 1500 千米以内到达城市，高铁快运是松茸最佳运输方式。

为助力云南松茸销往省外，中国铁路昆明局集团公司和中铁快运昆明分公司积极对接市场需求，携手顺丰等物流企业，利用高铁边际运力，充分发挥高铁运力优势，开展"松茸+高铁"优质快运服务。为保证运输品质，铁路部门根据客户需求，积极调整运输运能，确保松茸当天就可从昆明南站再转其他高铁或空运送达北京、上海、福建、浙江等地区。

此次"松茸+高铁"快运服务计划至 2021 年 8 月 15 日结束，在运

---

① 杨敏，梁颖，吴翔. 野生菌"坐"高铁销往全国［EB/OL］. 光明网，2021-08-03.

输期限内，丽江站预计将发送松茸57吨，盛产其他品类野生菌的临沧、南华等地也将有超过10吨的野生菌外销。

材料2：1909年，随着詹天佑主持的京张铁路建成，中国的铁路梦正式开启。110年后，它与世界上第一条最高设计时速350千米的高寒、大风沙高速铁路——京张高铁，完成了跨越百年的"握手"。由于采用了目前已在京沈高铁上顺利完成测试并投入试运营的列车自动驾驶系统（ATO），标志着我国高铁从人工驾驶向自动驾驶的重大飞跃。近年来，中国高铁正潜移默化地改变着世界速度，释放着巨大红利，成为中国一张崭新亮丽的新名片，在国内外迅速上演一场中国的"速度与激情"。

中国高铁从无到有，从低级到高级，从弱小到强大，从基础到进阶的过程，把握机遇，敢闯敢干，用实际行动践行着交通强国，铁路先行的新时代精神。党的十八大以来，我国深入实施创新驱动发展战略，谱写了自主创新的新篇章，重大科技创新成果捷报频传。从追赶到引领，从中国制造到中国标准，中国高铁走过了高效而辉煌的引进、消化、吸收、再创新之路，成为代表中国制造新高度的名片。截至2020年7月底，中国铁路营业里程达14.14万千米。其中，高速铁路达3.6万千米，稳居世界第一。

以中国标准动车组为代表的高速动车组技术达到世界先进水平，设计时速达到400千米，列车的安全性、舒适性、兼容性都有大幅提高。更重要的是，"复兴号"CR400系列动车组在研制过程中大量采用中国国家标准，在254项重要标准中，中国标准占84%，极大地增强了我国高铁的国际话语权和核心竞争力。此次，高铁ATO系统可以实现列车自动发车、区间自动运行、到站自动停车、停车后自动打开车门、车门与站台屏蔽门之间自动联控等五大功能，综合数据实现自动化驾驶，整体上提升了高铁的运行效率，时速350千米的高铁自动驾驶技术，更是国际首创。①

【案例讨论】

就高铁修建来看，西方国家社会治理的理论、政策和手段需要辩证看待与分析，一方面具有其运转高效、治理成本相对低廉的优势，另一方面也由于政党竞争激烈而带来社会治理效能的局限和不足等问题。美国等西方国家的社会公共政策制定的出发点并不能真正落实在民生上，其本质上是为资本逐利服务，受到市场强势主体特别是利益集团的影响痕迹非常明显。

西方国家政党政治代表了不同的利益集团，在社会政策的制定和实施上难以形成有效共识，导致其政党领袖往往政治视野狭窄，局限于其任期内的政治利益考量。为了赢得选举，西方国家政党往往在竞选前做出各种动听的政治承诺，却受制于激烈的政党斗争而难以兑现，导致一些政策议题长期悬而不决，最终沦为无法兑现的空头支票，大大降低社会治理成效。西方国家政党制定政策的考量基于激烈党争的现实，在制定社会政策层面难以做到从民众诉求出发，实现对民众诉求的最大化、最优化满足，多被利益集团绑架或为选情需要、民情舆论所左右，无法从全局和长远出发为社会各阶层谋利益，导致某些社会领域治理的失能失效。

反观中国高铁的修建，路网纵横、四通八达；人便其行、物畅其流，中国铁路以奋斗者的姿态，创造了举世瞩目的成就，一批批铁路新线投入运营，路网越织越密，一方面使我国人民充分享受高铁运营带来的高速、便捷、环保，为促进经济社会发展提供了强有力的运力保障，另一方面，也为实现中华民族伟大复兴中国梦贡献了重要力量。

在推进国家治理体系和治理能力现代化的进程中，我们党始终把推

---

① 黄嘉慧. "从里到外"看中国高铁发展成就［EB/OL］. 华龙网-新重庆客户端，2019-09-16.

动制度优势转化为治理效能作为重要取向，经济建设取得重大成就，全面深化改革取得重大突破，民主法治建设迈出重大步伐，人民生活不断改善，社会秩序和谐安定，中国特色社会主义制度优势得到彰显。① 由于中国特色社会主义制度契合中国国情，具有独特的政治优势，能最大限度整合资源、集中力量办大事、聚焦最大社会问题、形成最大同心圆，从而为提升国家治理效能奠定坚实基础。

【教学建议】 本案例可用在第四章《当代社会问题》中第二节"当代社会治理的探索"的第二个问题"对当代社会治理的主要经验和反思"的教学中。帮助学生认识和了解西方国家社会公共政策制定的出发点和本质是以为资本集团逐利服务，无法从全局和长远为社会各阶层谋福利，因而在社会政策上难以形成社会共识，导致一些社会问题长期得不到解决，成为社会改革和社会治理创新的重大阻碍。

案例 3　突出治理重点，坚决打赢脱贫攻坚战

【案例呈现】

材料 1：贫困是全人类面临的共同挑战。自古以来，贫困及其伴生的饥饿、疾病、社会冲突等一系列难题，严重阻碍人类对美好生活的追求。消除贫困是人类梦寐以求的共同理想，也是全球性难题。曾经的中国，贫困规模之大、贫困区域分布之广、贫困程度之深，世所罕见，贫困治理的难度超乎想象。

材料 2："坚决攻克最后的贫困堡垒"

甘肃是脱贫攻坚任务最艰巨的省份之一，特别是定西、临夏等地古来就有"瘠苦甲于天下"之称。甘肃各族人民生活的改善一直让习近平牵挂于心。②

---

① 夏锦文. 国家治理体系和治理能力现代化的中国探索 [N]. 光明日报，2019-11-19 (6).

② 王子晖：习近平甘肃之行，三个重点贯穿其中 [EB/OL]. 新华网，2019-08-23.

2013 年 2 月 2 日至 5 日，蛇年春节到来之际，习近平冒着严寒来到定西、临夏等地看望困难群众，慰问各族干部群众。那次考察，习近平绕过九曲十八弯，先后来到海拔 2400 多米的定西市渭源县元古堆村和海拔 1900 多米的临夏回族自治州东乡族自治县布楞沟村，入户看望老党员和困难群众，同乡亲们手拉着手唠家常，仔细询问大家的生产生活情况。缺水干旱是制约甘肃经济社会发展和人民生活改善的一个主要难题。在一户人家，习近平特意端起一瓢水品尝，感受村民真实的生活状况。之后，习近平专程来到渭源县引洮供水工程工地视察，他对当地和随行的国家有关部门负责同志说了八个字："民生为上、治水为要。"

2006 年国家启动引洮一期工程，把甘肃洮河水通过隧洞引入定西。2014 年引洮工程一期正式通水，定西 176 万农民喝上了干净卫生的自来水，15 个乡镇配套了农用水渠和管道。有了水，当地的村民就有了信心，在自家的地上种起了高原夏菜。通过土豆、蔬菜等特色产业，定西市农民人均可支配收入由 2013 年的 3612 元增加到 2019 年的 8226 元。如今定西还和兰州搞起了科技创新联动，把这里的高原夏菜、马铃薯产品推向"一带一路"沿线国家。①

古浪南部山区有"一方水土养不起一方人"的问题，当地采取易地搬迁的方式，使 6 万多地处山区的贫困群众搬进了新房，通过发展牛羊养殖和蔬菜种植逐步摆脱贫困。2019 年 8 月 21 日上午，习近平走进村民李应川家，在屋里屋外仔细察看，了解住房改善和改水改厕情况。他对这里群众生产生活条件发生的巨大变化感到十分欣慰。习近平强调，党的一切工作都是为老百姓利益着想，让老百姓幸福就是党的事业。贫困乡亲脱贫是第一步，接下来要确保乡亲们稳定脱贫，扶贫政策和扶贫队伍要保留一段时间，从发展产业、壮大集体经济等方面想办

① 何莉，梁治. 走向我们的小康生活 甘肃定西：黄土地上的山乡巨变 [EB/OL]. 央视网，2020-09-12.

法、找出路，让易地搬迁的群众留得住、能就业、有收入，日子越过越好。

对于甘肃脱贫攻坚下一步着力的重点，习近平在考察中强调，要深化脱贫攻坚，坚持靶心不偏、焦点不散、标准不变，在普遍实现"两不愁"的基础上，重点攻克"三保障"方面的突出问题，把脱贫攻坚重心向深度贫困地区聚焦，以"两州一县"和18个省定深度贫困县为重点，逐村逐户、逐人逐项去解决问题，坚决攻克最后的贫困堡垒。

材料3：习近平到甘肃考察　到群众最需要的地方才能察实情①

2013年2月3日，中共中央总书记习近平来到有"瘠苦甲天下"之称的甘肃省定西市考察，深入偏远山村困难户家，看望慰问乡亲们。通过电视镜头画面，我们既看到新一届中央领导集体求真务实的工作作风，也看到了一个更加真实的中国。

城乡差距大、地区发展不平衡，是我国的基本国情。但是农村情况究竟怎么样，发展存在多大不平衡，长期生活工作在大中城市的领导干部未必能真实了解和真切感受到。在电视画面上，甘肃定西县偏远山村的贫瘠，村民生活的穷苦，那些低矮的土砖房，都让人内心无比震撼，甚至有恍如隔世之感。而这就是当下中国真真切切的另一组剪影。

透过这组真实的画面，我们能深刻体会习近平总书记说的"要到群众最需要的地方去解决问题，多到发展最困难的地方去打开局面"；能深刻理解习近平总书记在河北阜平考察期间说的"如能看到真贫，从北京3个半小时的路程就值了"。这两番话不仅情感真挚，而且意味深长。

领导干部下基层，目的是看问题、摸实情。但能不能看到真问题，摸到真实情，取决于领导干部秉持怎样的工作态度，坚持怎样的工作作

---

① 吴定平. 习近平到甘肃考察　到群众最需要的地方才能察实情［EB/OL］. 新华网，2013-02-06.

风。如果"隔着玻璃看""围着轮子转",搞搞形式、走走过场,即使身处基层那也会耳聋目盲,听不到真声、看不到真相;只有脚踩一身泥、身落一层灰,多到困难和矛盾集中、群众意见多的地方去,与群众真情沟通、用心交流,才能赢得群众的极大信任,才能听到群众的肺腑之言,才能了解中国基层的最大真实。

求真务实的工作作风是领导干部基层调研的基本保障,摸清中国基本国情和发展现状,才能为未来一个时期的工作思路和发展方针做出正确、科学的判断。2012年12月4日,中共中央政治局通过关于改进工作作风、密切联系群众的"八项规定",第一条就明确要求"改进调查研究""深入了解真实情况""切忌走过场",这是对群众强烈呼声的回应,更是未来中国发展的内在要求。

习近平总书记这次节前垄上行,以实际行动再次为各级干部树立表率,是新一届中央领导集体执政新风的又一次体现。各级领导干部当以之为榜样,身体力行,切实改进工作作风,为实现我们共同的"中国梦"而不懈努力。

材料4:党的十八大以来,在以习近平同志为核心的党中央领导下,中国组织实施了人类历史上规模空前、力度最大、惠及人口最多的脱贫攻坚战。2021年2月25日,习近平总书记在全国脱贫攻坚总结表彰大会上庄严宣告,脱贫攻坚战取得了全面胜利,中国完成了消除绝对贫困的艰巨任务。这不仅是中华民族发展史上具有里程碑意义的大事件,也是人类减贫史乃至人类发展史上的大事件。

【案例讨论】

中国共产党在解决贫困问题取得的历史性成就的基础上,提出实施精准扶贫、精准脱贫,因地制宜、因户施策、因人施策,探索出一条独具中国特色的减贫道路。由于各国国情不同、所处发展阶段、社会经济发展水平的差异,决定了各国在减贫标准、具体方式方法、路径手段上也各不相同。中国人民在中国共产党的领导下,经过长期艰辛探索开创出一条成功的道路。

中国减贫立足本国国情，深刻把握中国贫困特点和贫困治理规律，坚持中国共产党的领导，坚持以人民为中心的发展思想，坚持发挥中国社会主义制度集中力量办大事的政治优势，坚持精准扶贫方略，坚持调动广大贫困群众积极性、主动性、创造性，坚持弘扬和衷共济、团结互助美德，坚持求真务实、较真碰硬，走出了一条中国特色减贫道路，形成了中国特色的反贫困理论。

中国在减贫实践中探索形成的宝贵经验，为人类减贫探索出了新的路径。中国始终把自身命运与世界各国人民命运紧密相连，在致力于消除自身贫困的同时，积极参与国际减贫合作，做国际减贫事业的倡导者、推动者和贡献者，与各国携手共建没有贫困、共同发展的人类命运共同体。

中国打赢脱贫攻坚战，如期实现脱贫攻坚目标任务，是建设人类命运共同体的成功实践。当前国际形势严峻复杂，贫穷、饥饿、疾病依然侵蚀着人们追求美好生活的希望和信心。各国政府应担负起对人民的责任，积极推进减贫发展，让公平正义的阳光冲破贫困落后的阴霾，照亮人类前行的未来。中国消除绝对贫困的成功实践和宝贵经验，具有积极的世界意义，不仅深化了对人类减贫规律的认识，也为其他国家选择适合自己的减贫发展道路提供了参考和借鉴。

【教学建议】本案例可用在第四章《当代社会问题》中第三节"创新社会治理的中国方案"的"突出社会治理"的教学中。贫困问题一直是世界各国社会治理的难点问题，中国通过加强社会建设和治理，带领人民持续向贫困宣战，实施大规模扶贫开发行动，成效突出，在消除贫困问题上取得历史性成就，同时也赢得了国际社会的广泛认同和赞誉。

四、参考文献

[1] 莫兰. 社会学思考 [M]. 阎肃伟, 译. 上海: 上海人民出版社, 2001: 7.

[2] 吴章, 布洛克. 中国医疗卫生事业在二十世纪的变迁 [M]. 蒋育红, 译. 北京: 商务印书馆, 2016.

[3] 孙析文, 杨丽贤. 中国贫困与反贫困 [M]. 成都: 四川大学出版社, 2012: 12.

[4] 冯永宽. 西部地区发展路径研究 [M]. 成都: 四川大学出版社, 2010: 12.

[5] 周晓丽. 灾害性公共危机治理 [M]. 北京: 社会科学文献出版社, 2008: 11.

[6] 夏锦文. 国家治理体系和治理能力现代化的中国探索 [N]. 光明日报, 2019-11-19 (6).

[7] 张树华. 俄罗斯之路30年 [M]. 北京: 中信出版集团股份有限公司, 中国社会科学出版社, 2018: 7.

第五章 当代生态环境

一、理论知识概要

（一）知识结构

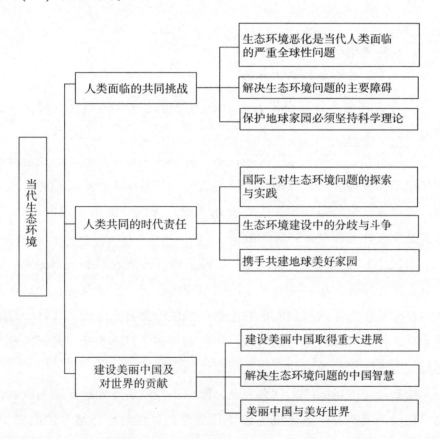

（二）理论知识

本章主要论述当代生态环境的重要问题。通过本章教学，使学生认识：生态环境恶化是当代人类面临的一个严重的全球性问题，解决生态环境问题面临着利益、制度、技术、合作、观念等多方面的障碍。人类必须坚持科学理论指导下积极保护地球家园；了解面对人类共同的时代责任——严重的生态环境问题，国际社会在研究探讨这一重大课题中提出很多有价值的思想认识，并在解决生态环境问题的实践中积累了很多有益经验；把握中国在建设生态文明、建设美丽中国研究探索和实践进程中为解决生态环境问题提供了中国智慧，为当代生态环境恶化治理、建设美好世界提供了有益的理论探索和实践经验。

二、教学重点、难点

（一）人类面临的共同挑战

1. 生态环境恶化是当代人类面临的严重全球性问题以及解决生态环境问题的主要障碍（教学重点）

当代世界，经济全球化深入发展，科学技术日新月异，但是全球生态环境却在日益恶化，保护生态环境成为世界各国必须面对的全球性问题。近年来，生物多样性丧失、土地荒漠化加剧、极端气候事件频发，给人类生存和发展带来严峻挑战。

当代生态环境问题呈现出新的特点：破坏范围和影响日益加大，人类对自然的破坏加重，生态环境问题快速向发展中国家蔓延。全球生态环境持续恶化，导致当代世界的生态环境风险具有高度的多样性、复杂性和破坏性。生态环境风险与社会稳定密切相关，不少地方的环境恶化已经成为地区局势动荡和社会关系紧张的重要原因。

生态环境问题的产生具有复杂的原因：以欧美等发达国家为代表的现代化发展模式对生态环境的破坏日益严重；在对待环境保护问题上，

一些西方国家执行双重标准，也加剧了生态环境保护与治理的难度。广大发展中国家并不具备走发达国家现代化道路的基础和条件，一些发展中国家为了尽快改变落后面貌，存在片面追求经济增长、忽视甚至牺牲保护生态环境目标的倾向；资金不足、技术落后等，也是导致发展中国家没有足够能力保护生态环境的重要因素；占主导地位的发达国家将一些落后产业转移到发展中国家，并通过有害废弃物贸易等形式转嫁污染，致使发展中国家不得不承受生态恶化的代价。

虽然人们越来越认识到环境破坏问题的严重性和保护生态环境的重要性，但是，生态环境问题的产生有着深刻的社会现实背景和历史根源，解决生态环境问题面临着利益固化、制度藩篱、技术障碍、合作障碍、观念障碍等多方面的障碍。

2. 保护地球家园必须坚持科学理论指导（教学重点和难点）

在当今世界生态环境问题不断加剧，人类偿还资本主义工业化造成的历史欠债需要付出巨大的努力，在人们对环境污染认识存在不少误区的情况下，保护地球家园、解决生态危机，必须科学认识生态环境问题，坚持以正确的思想理论为指导。马克思主义具有远见卓识的思想观点，为解决当代生态环境问题提供了指导性原则和努力方向。

第一，马克思主义关于人与自然关系的思想，超越了"人类中心主义"和"自然中心主义"的抽象争论，是认识和解决当代生态环境问题的科学指南。马克思主义认为，自然界是人类社会存在的客观前提和基础，人化自然永远只是自然界的一部分；人类的命运与自然环境的状况是不可分割的；人与自然的和谐是人类社会全面、丰富发展的重要前提。人类可以认识自然、改造自然，但绝不能凌驾于自然之上。人靠自然界生活，人类的经济活动和其他活动必须遵循自然规律，合理利用自然资源，保护和优化生态环境，坚持可持续发展，探索走出一条人与自然和谐共生的发展道路。

第二，马克思主义指明了人类解决生态环境问题的方向。马克思主义深刻指出：生态环境问题并不单纯是人与自然的关系问题，而是有着深层次的社会根源，是人与人之间和人与社会之间关系的问题，根本上是社会制度和现代化道路的选择问题。实现人类文明从自发发展向自觉发展的飞跃，解决生态危机的时代课题，需要我们认识自然规律、尊重自然规律、遵循自然规律，必须依靠全人类的共同努力。解决生态危机、维护生态环境的根本途径，在于对资本主义生产方式和社会制度的完全变革，创造一种新的生产方式、建立一种新的社会制度——社会主义和共产主义。

（二）应对日益严重的生态环境问题是当代人类共同的时代责任

实现绿色发展，携手共建生态良好的地球家园，是当代人类共同的时代责任。对这一课题，国际社会在深入研究探讨中，提出了不少有价值的思想认识，各国在着手解决生态环境问题的实践中积累了很多有益经验。但是迄今为止，由于西方大国缺乏政治意愿和实质性行动，各国协调行动不够和承担相应责任不力，对生态环境污染问题的严峻性、危害性认识不够，存在侥幸心理。特别是面对全球性生态危机，各国都从本国生存和发展的角度出发，而且在责任分担、污染转嫁等问题上，各国经常产生矛盾分歧并引起激烈的政治斗争，人类扭转全球环境恶化的努力，总体上成效不大。

1. 生态环境建设中的分歧、斗争及解决问题的基本思路

分歧与斗争：发达国家认为，改善全球生态环境不能影响其根本利益和发展空间，要求发展中国家要承担更多的国际义务，并把环境成本转嫁到发展中国家和地区。对广大发展中国家而言，发展仍然是当前的主要目标和任务，它们希望发达国家能够在遏制环境污染、保护生态环境方面承担应有的国际责任和义务。

在国际谈判中，由于环境问题涉及国家未来发展，发达国家与发展中国家在减排责任上产生了严重分歧。各个国家多是站在本国发展的角

度提出主张和诉求，难以达成共识。

在保护全球生物多样性方面，生物多样性的国际谈判在遗传资源获取与惠益分享、资金机制等方面也存在明显分歧。

导致这些矛盾与分歧的主要原因：一是发达国家和发展中国家对承担环境治理责任的认识存在分歧，发达国家希望和发展中国家承担同等责任，发展中国家则希望发达国家承担应有责任，特别是承担历史遗留问题和污染转移问题的责任；二是一些国家处于要生存还是要生态的两难境地，在生态治理方面不能采取坚决的行动。这种认识上的分歧与行动上的斗争，实质上是不同国家利益的分化和对立，导致全球环境恶化的趋势没有从根本上得到遏制。

解决分歧和斗争的基本思想：实现全面扭转全球环境恶化趋势的目标，应该坚持科学的态度和精神，正确处理好生态环境与经济发展、科学技术、人的自由全面发展等重大关系，形成真正的全球性共识，共同采取有效的措施。

2. 携手共建地球美好家园

要建设生态良好的地球美好家园，需要各国深入开展生态文明领域的交流合作，切实承担应尽的环境责任，遵循基本原则：第一，坚持历史与现实相统一的原则；第二，坚持可持续发展的原则；第三，坚持"共同但有区别的责任"的原则。

（三）建设美丽中国及对世界的贡献

中国的社会主义现代化建设追求的是人与自然和谐共生的现代化，必须提供更多优质生态产品以满足人民日益增长的优美生态环境需要。我国的生态文明建设和美丽中国建设将为全球生态环境保护做出应有的贡献。

1. 建设美丽中国取得重大进展（教学重点）

党的十八大以来，我国把关系民生重大问题之一的生态文明建设放在更加突出的位置，实行最严格的生态环境保护制度，倡导绿水青山就是金山银山的理念，强调"要像保护眼睛一样保护生态环境"，全面加强生态文明制度建设，全面加强生态环境整治，着力解决人民群众反映强烈的环境问题。

经过不懈努力，我国生态文明建设取得重大进展和成就，生态环境状况发生了历史性、转折性、全局性变化。重大生态环境治理明显加强，环境状况得到改善。"十三五"期间，我国生态环境明显改善，是迄今为止生态环境质量改善成效最大、生态环境保护事业发展最好的五年，全国各地环境质量普遍提升，人民群众的生态环境获得感、幸福感、安全感显著增强。

我国生态环境保护的实践表明：生态环境保护和经济发展是辩证统一、相辅相成的，建设生态文明、推动绿色低碳循环发展，不仅可以满足人民日益增长的优美生态环境需要，而且可以推动实现更高质量、更有效率、更加公平、更可持续、更为安全的发展，走出一条生产发展、生活富裕、生态良好的文明发展道路。这样的文明发展道路，对广大发展中国家具有借鉴意义。

我国生态环境质量持续好转，但成效并不稳固。生态文明建设正处于压力叠加、负重前行的关键期，已进入提供更多优质生态产品以满足人民日益增长的优美生态环境需要的攻坚期，也到了有条件有能力解决生态环境突出问题的窗口期，建设美丽中国任重道远。

（四）解决生态环境问题的中国智慧（教学重点）

党的十八大以来，在生态环境保护问题上，以习近平同志为核心的党中央深刻总结我国生态文明建设的经验教训，不断深化对人与自然和谐共生关系的认识，形成了以习近平生态文明思想为核心的全面系统的生态文明观。它是对马克思主义关于人与自然关系思想的坚持和发展，是促进人与自然和谐共生的中国智慧的集中体现。

94

1. 生态优劣关系文明兴衰

在人类社会发展历程中，生态环境的演进变化在很大程度上影响着一个国家的稳定、民族的繁衍、文明的兴衰。中华文明积淀的生态智慧"天人合一""道法自然"等思想所蕴含的质朴睿智的自然观，使中华文明历经 5000 多年而灿烂不息。在当代，我们更要坚持节约资源和保护环境的基本国策，为中华民族永续发展留下根基。

2. 良好生态环境是最普惠的民生福祉

习近平总书记指出："生态文明建设事关实现'两个一百年'奋斗目标，事关中华民族永续发展，是建设美丽中国的必然要求。"[①] 我们必须坚持以人民为中心的发展思想，坚持生态惠民、生态利民、生态为民，坚决打好污染防治攻坚战，重点解决损害群众健康的突出环境问题，为人民创造良好的生态环境。

3. 绿水青山就是金山银山

习近平总书记在二十大报告中指出："必须牢固树立和践行绿水青山就是金山银山的理念，站在人与自然和谐共生的高度谋划发展。"保护生态环境就是保护自然价值和增值自然资本，就是保护经济社会发展潜力和后劲，使绿水青山持续发挥生态效益和经济社会效益。所以，我们应该树立和贯彻新发展理念，处理好发展与环境保护的关系，推动形成绿色发展方式和生活方式，努力实现经济社会发展和生态环境保护协同共进。

4. 人与自然和谐共生

人类开发利用自然必须遵循自然规律，要像保护眼睛、对待生命一样保护和对待生态环境。在当代，我们应该把生态文明建设摆在更加突出的位置，坚持节约优先、保护优先、自然恢复为主的方针，构建人与自然和谐发展的现代化建设新格局。

---

① 生态文明建设事关中华民族永续发展 [N]. 中国青年报，2015-03-25 (1).

5. 山水林田湖草沙是生命共同体

生态是各种自然要素相互依存实现循环的统一的自然系统，要按照系统工程的思路进行环境治理，抓好生态文明建设重点任务的落实。

6. 用最严格的制度保护生态环境

习近平总书记强调，在生态环境保护问题上，不能越雷池一步。生态红线，是国家生态安全的底线和生命线，必须始终坚守，即严守资源消耗上限、环境质量底线、生态保护红线，将各类开发活动限制在资源环境承载能力之内。

7. 共建美好地球家园

人类是命运共同体，建设绿色家园是人类的共同梦想。我们应该在推进国内生态文明建设的同时，积极承担与我国基本国情、发展阶段和实际能力相符的国际义务，从全球视野加快推进生态文明建设；应该深度参与全球环境治理，形成世界环境保护和可持续发展的解决方案，引导应对气候变化的国际合作。推动构筑尊崇自然、绿色发展的生态体系，保护好人类赖以生存的地球家园。

党的十九大报告明确了从 2020 年到本世纪中叶分两步走，实现社会主义现代化强国的战略目标。第一个阶段：生态环境根本好转，美丽中国目标基本实现，是生态文明建设的目标。第二个阶段：生态文明的全面提升，是生态文明建设的目标。2021 年 3 月，我国发布了《中华人民共和国国民经济和社会发展第十四个五年规划和 2035 年远景目标纲要》，对实现社会主义现代化强国第一阶段的战略目标进行了总体部署，明确了生态文明建设的目标任务，为当前和今后一个时期的生态文明建设指明了方向。

中国在解决国内环境问题的同时，也积极参与全球环境治理，做出"绿色贡献"。2017 年 9 月，在内蒙古召开的《联合国防治荒漠化公约》第十三次缔约方大会上，在中国的推动下形成了"一带一路"防治荒漠化合作机制，在这一机制下中国将为沿线国家提供学习基地，搭建交流平台。中国的生态文明建设理念和经验正在为全世界可持续发展提供重要借鉴。

当今世界，百年未有之大变局加速演进，全球环境治理面临着前所未有的困难与挑战，需要世界各国勇于担当，戮力同心，共同构建人与自然生命共同体。实现这样的目标，一方面，需要坚持"共同但有区别的责任"原则、公平原则和各自能力原则，坚定维护多边主义，坚决维护本国发展利益；另一方面，需要世界各国秉持人类命运共同体理念，积极参与全球环境治理，为全球提供更多公共产品，积极推动全球可持续发展。只要世界各国心往一处想、劲往一处使，同舟共济、守望相助，共谋人与自然和谐共生之道，人类必将能够应对全球生态环境保护面临的各种严峻挑战，把一个清洁美丽的世界留给子孙后代。

三、教学案例

案例1 生态环境为何持续恶化①
俞可平

【案例呈现】

改革开放后重启的中国现代化事业，翻开了中国历史的新篇章，极大地改变了中国乃至世界历史的进程。改革开放以来，中国人民的生活从整体上进入梦寐以求的"小康"阶段，国家也迅速崛起成为世界的主要经济和政治大国。然而，国人在享受现代化带来的甜蜜果实的同时，也品尝着环境恶化带来的苦涩后果。我们的现代化成就，特别是高速的经济增长举世瞩目，但我们为现代化付出的沉重代价也日益不堪重负。严重的大气污染、土壤污染、水污染、沙漠化、资源枯竭、生态失

---

① 俞可平. 生态环境为何持续恶化［M］//冉冉. 中国地方环境政治：政策与执行之间的距离. 北京：中央编译出版社，2015.

衡,已经直接影响人们的健康生活。环境恶化已经成为影响中国未来发展最严重的挑战之一,由环境问题引发的群体性冲突事件也已经成为影响社会稳定的主要因素之一。

从世界范围看,现代化进程中出现某种程度的环境恶化,带有一定的必然性,西方发达国家几乎都为此付出过沉重的代价。按理说,发展中国家应当认真吸取发达国家的经验教训,避免它们环境恶化的前车之鉴。近代中国的许多先贤,之所以摒弃资本主义发展模式,选择了社会主义制度,西方国家在现代化过程中对生态环境的破坏,应当是很重要的原因之一。令人痛心疾首的是,我们这些后继者们忘记了先贤们当年对早期资本主义的批判,重蹈了西方发达国家在环境保护方面的覆辙。其实,环境问题虽然跟宏观政治经济体制不无关系,但直接相关的却是国家的决策体制和治理体制。换言之,如果决策体制和治理体制不当,社会主义条件下照样会有穷山恶水。

舟舟博士的《中国地方环境政治:政策与执行之间的距离》,就是一部专门分析当代中国环境决策体制和治理体制的著作。她把论述的重点放在环境政策的制定和执行上,着重剖析了地方政府在环境保护制度方面的执行偏差。换言之,舟舟博士试图回答这样一个令人匪夷所思的问题:中央政府极其重视环境保护,制定和颁布了一系列环境保护法规,持续增大对环境保护的投入,中共中央还把生态文明与物质文明、政治文明、精神文明一道正式列为国家需要长期推进的四大文明之一,把环境保护与计划生育一道列为基本国策,对各级领导干部实行了最为严厉的"一票否决制"。在这样的背景下,为何生态环境依然持续恶化?

近年来,众多的环境治理研究者都试图回答这一问题。在我看来,舟舟博士的这本著作为回答这一问题提供了一种新的视角:地方政府的政策执行偏差。她从五方面来分析这种"政策执行偏差",即决策模式、权力结构、激励机制、公众参与和全球化进程。在相当程度上,她的分析以及由此得出的结论是令人信服的，这可能得益于以下两个原因：一是她引入了政策执行研究的方法，力图避免"集权—分权"方法的偏差，从而使环境问题的研究更加具体化和过程化；二是她的研究有田野调查的基础。尽管本书更多的是宏观的政策分析，但就我所知，冉冉博士早些年曾经做过许多生态治理方面的实地调研，这使她对中国的生态环境具有一种一般学者难得拥有的"现实感"。

【案例讨论】生态环境为何持续恶化？

【案例分析】

生态环境恶化是当代人类面临的严重全球性问题，自工业革命以来，人类改造和利用自然的规模和强度日益增大，生态环境问题日趋严重。进入20世纪，空前巨大的科学技术力量更是在造福人类的同时，加剧了生态环境恶化。解决严峻的生态环境问题涉及众多方面，正确认识和把握当代生态环境问题的特点，是解决问题的基本前提。因为相较于人类社会发展历史上出现的生态环境问题，当代生态环境问题呈现出一些新的特点。但要有效防范和处置生态环境风险，深入揭示和把握生态环境问题产生的复杂原因，是解决问题的关键和切入点。

在人类社会发展史上，欧美等发达国家率先实现了资本主义现代化，但是，当代世界发生的一系列重大事件表明，这种现代化并不适合世界上所有国家的现代化道路，也不是地球所能承载的现代化道路。广大发展中国家并不具备走发达国家现代化道路的基础和条件。发展中国家大多是第二次世界大战后建立的民族独立国家，这些国家在摆脱帝国主义、殖民主义的控制后，纷纷走上了发展经济的道路。其中一些国家为了尽快改变落后面貌，存在片面追求经济增长、忽视甚至牺牲保护生态环境目标的倾向。资金不足、技术落后等，也是导致发展中国家没有足够能力保护生态环境的重要因素。更为重要的是，占主导地位的发达国家将一些落后产业转移到发展中国家，并通过有害废弃物贸易等形式转嫁污染，致使发展中国家不得不承受生态恶化的代价。具体到中国的生态环境问题产生的原因也是复杂多样的，需要加大探索研究。中国改革开放 40 多年来，中国人民的生活从整体上进入全面小康阶段，国家也迅速崛起成为世界的主要经济和政治大国。然而，国人在享受现代化带来的甜蜜果实的同时，也品尝着环境恶化带来的苦涩后果。我们的现代化成就，特别是高速的经济增长，举世瞩目，但我们为现代化付出的沉重代价也日益不堪重负。严重的大气污染、土壤污染、水污染、沙漠化、资源枯竭、生态失衡，已经直接影响人们的健康生活。环境恶化已经成为影响中国未来发展最严重的挑战之一，由环境问题引发的群体性冲突事件也已经成为影响社会稳定的主要因素之一。

本案例中的《中国地方环境政治：政策与执行之间的距离》一书是基于田野调查中的深度访谈和文献分析，尝试跳出中国研究中的中央集权—地方分权的理论范式，以公共政策执行分析视角来描述、解释和分析环境政策执行偏差产生的机理，并以此回应环境政治学中关于环境威权主义的争论，认为政策执行偏差产生的机理深刻嵌入在威权主义系统的政治逻辑和结构中，改善中国环境治理的水平，纠正地方政策执行偏差，需要中国环境政治从威权主义向民主的转型。

本案例的教学目的是让学生了解中国生态环境持续恶化的一些深层原因，思考剖析地方政府在环境保护制度方面的执行偏差。

《中国地方环境政治：政策与执行之间的距离》为回答这一问题提供了一种新的视角：地方政府的政策执行偏差。它从五方面来分析这种"政策执行偏差"，即决策模式、权力结构、激励机制、公众参与和全球化进程。这种分析以及由此得出的结论是令人信服的，原因在于：第一，作者引入了政策执行研究的方法，力图避免"集权—分权"方法的偏差，从而使环境问题的研究更加具体化和过程化；第二，其研究有田野调查的基础。

【教学建议】本案例适用于第五章第一节"人类面临的共同挑战"的"一、生态环境恶化是当代人类面临的严重全球性问题"与"二、解决生态环境问题的主要障碍"内容的辅助教学与考核。

案例2　2021年从十大热词看生态环境①

【案例呈现】

2021年是生态环境保护历程中具有特殊重要性的一年。对《光明日报》、生态环境部官微、《中国环境报》等重要媒体发布的涉及生态环境保护领域的文章进行词频分析，统计出现频率最高的生态环境领域热词，同时对每月生态环境部例行新闻发布会文本进行主题聚类分析，得出受到媒体高度关注的主题词，最终从中甄选出10个兼具社会关注度和工作重要性的热词。

1. 污染防治攻坚战

这一年，深入打好污染防治攻坚战由系统谋划进入部署实施新阶段。党的十九届五中全会明确提出，"十四五"时期，要深入打好污染防治攻坚战，继续开展污染防治行动。4月30日，中央政治局就新形势下加强我国生态文明建设进行第29次集体学习，习近平总书记强调，要深入打好污染防治攻坚战，集中攻克老百姓身边的突出生态环境问题，让老百姓实实在在感受到生态环境质量改善。8月30日，中央深改委第21次会议审议通过《关于深入打好污染防治攻坚战的意见》（以下简称《意见》），要求巩固污染防治攻坚成果，以更高标准打好蓝天、碧水、净土保卫战。11月2日，中共中央、国务院正式印发《意见》，明确了深入打好污染防治攻坚战的总体要求、主要目标、重大任务和保障措施，进一步明确攻坚策略、深化攻坚路径、拓展攻坚领域、延伸攻坚范围、强化攻坚手段，将深入打好污染防治攻坚战由战略部署细化为时间表和施工图。

---

① 张蕾.2021年从十大热词看生态环境［N］.光明日报，2021-12-25（9）.

2. 碳达峰碳中和

这一年，我国碳达峰碳中和由重大战略决策向科学系统部署迈出关键步伐。自 2020 年习近平总书记宣示碳达峰碳中和目标愿景以来，碳达峰碳中和落实工作统筹有序展开。政府工作报告中首次部署碳达峰碳中和任务。5 月 26 日，碳达峰碳中和工作领导小组第一次全体会议召开，审议有关文件，研究部署工作。9 月 22 日，中共中央、国务院印发《关于完整准确全面贯彻新发展理念做好碳达峰碳中和工作的意见》，成为指导做好碳达峰碳中和工作的纲领性文件。10 月 24 日，国务院印发《2030 年前碳达峰行动方案》，对推进碳达峰工作作出总体部署。10 月 27 日，国务院新闻办发布《中国应对气候变化的政策与行动》白皮书。11 月，第 26 届联合国气候变化大会（COP26）在英国举行，中国和美国发布《中美关于在 21 世纪 20 年代强化气候行动的格拉斯哥联合宣言》，推动完成《巴黎协定》实施细则遗留问题谈判。近期，中央经济工作会议再次对碳达峰碳中和作出系统部署，坚定不移推进。

3. 美丽中国

这一年，美丽中国建设迈上新征程。美丽中国建设目标是基本实现社会主义现代化的重要组成部分，是"十四五"乃至更长时期谋划生态环境保护的根本遵循。1 月 29 日，生态环境部、中宣部等六部门发布《"美丽中国，我是行动者"提升公民生态文明意识行动计划（2021—2025 年）》，部署安排重点任务和专题行动，推动形成人人关心、支持、参与生态环境保护的社会氛围。2 月 5 日，《深圳率先打造美丽中国典范规划纲要（2020—2035 年）及行动方案（2020—2025 年）》印发，提出"三个台阶"目标愿景，成为我国第一个推进美丽中国典范建设的纲领性文件。9 月 11 日，"美丽中国百人论坛 2021 年会"组织召开，发布美丽中国生态环境保护战略研究与行动、2035 美丽中国目标与低碳发展情景等研究成果。党的十九届六中全会审议通过

《中共中央关于党的百年奋斗重大成就和历史经验的决议》，明确指出党的十八大以来，党中央以前所未有的力度抓生态文明建设，美丽中国建设迈出重大步伐。

4. 中央生态环保督察

这一年，中央生态环境保护督察有力有序推进。中央生态环境保护督察是习近平总书记亲自谋划、部署、推动的重大制度创新，是贯彻落实习近平生态文明思想的关键举措，有力解决了一大批群众身边的突出生态环境问题。4月上旬，第二轮第三批中央生态环境保护督察组分别进驻山西、辽宁、安徽、江西、河南、湖南、广西、云南8省（区）开展督察。5月8日，中央生态环境保护督察办公室印发实施《生态环境保护专项督察办法》，进一步完善督察制度体系，指导督察工作实践。8月下旬，第二轮第四批中央生态环境保护督察组分别进驻吉林、山东、湖北、广东、四川5省及中国有色集团、中国黄金两家中央企业开展督察。12月上旬，第二轮第五批中央生态环境保护督察组分别进驻黑龙江、贵州、陕西、宁夏4省（区）开展督察。截至目前，累计曝光65个典型案例，有序推动中央生态环境保护督察向纵深发展。

5. "两高"项目

这一年，坚决遏制"两高"项目盲目发展取得显著成效。"十四五"开局，各地纷纷拟上马一批重大项目，其中"两高"项目比重达六成以上。5月13日，国家发展改革委召开部分节能形势严峻地区谈话提醒视频会议，明确把不符合要求的"两高"项目拿下来。5月30日，生态环境部印发《关于加强高耗能、高排放建设项目生态环境源头防控的指导意见》，提出严把新建、改建、扩建高耗能、高排放项目的环境准入关，在"两高"项目环评中率先开展碳排放影响评价试点。9月11日，国家发展改革委印发《完善能源消费强度和总量双控制度方案》，要求各地建立在建、拟建、存量高耗能高排放项目清单，明确处置意见。9月下旬，中纪委网站连续发文密集关注"两高"项目，将坚决遏制"两高"项目盲目发展工作列为对碳达峰碳中和开展政治监督的重点内容，纳入监督台账跟进监督。在多方共同努力下，"两高"项目盲目发展势头得到有效遏制。

6. 生物多样性保护

这一年，生物多样性保护取得长足进展。"十四五"规划和2035年远景目标纲要中将实施生物多样性保护重大工程、构筑生物多样性保护网络作为提升生态系统质量和稳定性的重要内容。4月15日，《中华人民共和国生物安全法》正式施行，这是生物安全领域一部基础性、综合性、系统性、统领性法律，标志着我国生物安全进入依法治理的新阶段。10月8日，国务院新闻办公室发布《中国的生物多样性保护》白皮书，这是我国政府发布的第一部生物多样性保护白皮书，向世界展示了我国生物多样性保护政策理念、重要举措和进展成效。10月11日至15日，联合国《生物多样性公约》第十五次缔约方大会（COP15）第一阶段会议在云南昆明召开，习近平主席以视频方式发表主旨讲话，为未来全球生物多样性治理指明方向，多国政要视频参会，会议发布"昆明宣言"。10月19日，中办、国办印发《关于进一步加强生物多样性保护的意见》，提出生物多样性保护的总体目标和八项重点任务，切实推进生物多样性保护工作。

7. 碳排放权交易

这一年，全国碳排放权交易市场顺利扬帆起航。全国碳排放权交易市场是利用市场机制控制和减少温室气体排放、推动绿色低碳发展的重大制度创新，也是落实我国碳达峰碳中和目标愿景的重要政策工具。2月1日，《全国碳排放权交易管理办法（试行）》正式实施，全国碳市场第一个履约周期配额分配方案印发，从国家层面将温室气体排放控制责任压实到重点排放企业。3月30日，生态环境部公开征求关于《碳排放权交易管理暂行条例（草案修改稿）》的意见，积极推动立法进程，夯实碳排放权交易法律基础。5月14日，生态环境部出台《碳排放权登记管理规则（试行）》《碳排放权交易管理规则（试行）》《碳排放权结算管理规则（试行）》等政策文件，进一步完善碳市场制度保障体系。7月16日，全国碳市场启动上线交易，纳入发电行业重点排放单位2162家，覆盖约45亿吨二氧化碳排放量，建成全球规模最大的碳市场。截至12月底，全国碳市场碳排放配额累计成交量1.5亿吨，累计成交金额60多亿元，市场活跃度持续攀升。

8. "三线一单"

这一年，全国上下切实推进"三线一单"（生态保护红线、环境质量底线、资源利用上线和生态环境准入清单）落地实施走深走实。4月，全国所有省份"三线一单"省级成果均完成政府审议和发布工作，各地扎实推进"三线一单"成果细化深化，全力支撑相关政策规划编制，积极服务产业优化升级和小微企业发展。生态环境部陆续发布三批次共36个"三线一单"落地应用典型案例，为各地在实践中不断拓展应用体系、完善应用机制、充分服务好新形势下的生态环境保护工作提供借鉴。10月29日，生态环境部发布《"三线一单"减污降碳协同管控试点工作方案（征求意见稿）》，探索将应对气候变化要求纳入"三线一单"生态环境分区管控体系。11月19日，生态环境部发布《关于实施"三线一单"生态环境分区管控的指导意见（试行）》，这是新时代贯彻落实习近平生态文明思想、深入打好污染防治攻坚战、加强生态环境源头防控的又一重要举措。

9. 生态产品价值实现

这一年，生态产品价值实现由地方探索向全面推广迈进。2月19日，中央深改委第18次会议强调建立健全生态产品价值实现机制、推进生态产业化和产业生态化。4月26日，中办、国办印发《关于建立健全生态产品价值实现机制的意见》，提出到2025年初步建立、到2035年全面建立生态产品价值实现机制的时间表和工作机制，是首个将"两山"理论落实到制度安排和实践操作的纲领性文件。5月20日，

《中共中央 国务院关于支持浙江高质量发展建设共同富裕示范区的意见》印发，提出探索完善具有浙江特点的生态系统生产总值（GEP）核算应用体系。9月13日，中办、国办印发《关于深化生态保护补偿制度改革的意见》，鼓励地方通过购买生态产品和服务等方式，探索推进横向生态保护补偿。11月10日，国办印发《关于鼓励和支持社会资本参与生态保护修复的意见》，从源头上推动生态环境领域国家治理体系和治理能力现代化。

10. "十四五"生态环保规划

这一年，全国及各地基本完成"十四五"生态环境保护规划并推动实施。

2021年是"十四五"规划开局之年，全国各地加紧编制出台"十四五"生态环境保护规划和各领域专项规划。即将出台的《"十四五"生态环境保护规划》和《"十四五"节能减排综合工作方案》，将明确"十四五"时期并展望到2035年生态环境保护的主要目标，全面部署推动绿色发展、促进人与自然和谐共生的重点任务和重大改革举措。与此同时，重点流域、空气质量改善、生态保护等领域专项规划进展顺利。

2022年以来，北京、内蒙古、上海、江苏、浙江、福建、江西、山东、湖南、广东、海南、陕西、甘肃、青海、宁夏等省（区、市）陆续印发"十四五"生态环境保护规划，明确了"十四五"生态环境保护的总体思路、主要目标和重点任务，"十四五"生态环境保护规划体系基本形成。

【案例讨论】

通过对2021年我国生态环境领域的十大热词的学习和认识，谈谈中国的生态文明和美丽中国建设取得的重大进展和成就。

【案例分析】

本案例的教学目的是让学生通过对2021年我国生态环境领域的十大热词的学习和认识，深入把握近年来中国的生态文明和美丽中国建设取得的重大进展和成就。

中国的社会主义现代化是人与自然和谐共生的现代化，既要创造更多物质财富和精神财富以满足人民日益增长的美好生活需要，也要提供更多优质生态产品以满足人民日益增长的优美生态环境需要。到 21 世纪中叶把我国建设成为富强、民主、文明、和谐、美丽的社会主义现代化强国的目标已载入宪法，进一步凸显了建设美丽中国的重大现实意义和深远历史意义，中国也将为全球生态环境保护做出应有的贡献。

生态环境是关系民生的重大问题，广大人民群众热切期盼提高生态环境质量。我国把生态文明建设放在更加突出的位置，实行最严格的生态环境保护制度，倡导绿水青山就是金山银山的理念，强调"要像保护眼睛一样保护生态环境"，全面加强生态文明制度建设，全面加强生态环境整治，着力解决人民群众反映强烈的突出环境问题。

党的十八大以来，我国对生态文明建设给予前所未有的重视，把生态文明建设摆在全局工作的突出位置。习近平总书记指出："良好生态环境是最公平的公共产品，是最普惠的民生福祉。"① 保护生态环境，关系最广大人民的根本利益，关系中华民族发展的长远利益，是功在当代、利在千秋的事业，在这个问题上，我们没有别的选择。必须清醒认识保护生态环境、治理环境污染的紧迫性和艰巨性，清醒认识加强生态文明建设的重要性和必要性，以对人民群众、对子孙后代高度负责的态度，真正下决心把环境污染治理好、把生态环境建设好，努力走向社会主义生态文明新时代，为人民创造良好生产生活环境。

近年来，我国开展了一系列根本性、开创性、长远性工作，加快推进生态文明顶层设计和制度体系建设，决心之大、力度之大、成效之大前所未有。特别值得关注的是，我国在发展中国家中率先做出碳达峰、

① 绿水青山就是金山银山：关于大力推进生态文明建设 [EB/OL]. 中国共产党新闻网，2014-07-11.

碳中和的承诺。这些政策措施的出台，为推动中国生态环境保护提供了重要的政策保障、制度保障和法治保障。

经过不懈努力，我国生态文明建设取得重大进展和成就，生态环境状况发生了历史性、转折性、全局性变化。贯彻绿色发展理念的自觉性和主动性显著增强，忽视生态环境保护的状况明显改变。生态文明制度体系加快形成，主体功能区制度逐步健全，国家公园体制试点积极推进。全面节约资源有效推进，能源资源消耗强度大幅度下降，重大生态环境治理明显加强，环境状况得到改善……我国的生态文明建设发生历史性变化，建设美丽中国取得重大进展。

【教学建议】本案例适用于第五章第三节"建设美丽中国及对世界的贡献"的"一、建设美丽中国取得重大进展"内容的辅助教学与考核。

案例 3 全国生态环境分区管控体系基本建立①

【案例呈现】

经济日报北京 2021 年 12 月 23 日讯 生态环境部环境影响评价与排放管理司司长刘志全 12 月 23 日表示，目前全国所有省份、地市两级"三线一单"（生态保护红线、环境质量底线、资源利用上线和生态环境准入清单）成果均完成发布，划定了 4 万多个环境管控单元，单元精度总体达到乡镇尺度，基本建立了覆盖全国的生态环境分区管控体系。

在生态环境部当日举行的新闻发布会上，刘志全说，"三线一单"生态环境分区管控制度落地应用初见成效。

据介绍，"三线一单"成果在重大规划编制领域中应用，包括国土空间规划、矿产资源规划、区域开发规划、交通规划、产业园区规划、水资源利用规划、流域开发保护规划等多种类型规划，发挥了优布局、

---

① 曹红艳. 全国生态环境分区管控体系基本建立［N］. 经济日报，2021-12-24.

控强度的作用。"三线一单"成果在产业布局优化和转型升级方面进行应用，通过差别化的管控要求，促进产业发展与环境承载能力相结合。在环境准入方面，各地普遍将"三线一单"成果作为政府的投资引导书，在招商阶段就发挥决策指引作用，避免前期工作投入浪费；普遍应用于支撑规划环评审查和项目环评审批，提高了审查效率。

此外，针对近期一些地方出现环评造假的问题，刘志全回应说，对环评文件弄虚作假、粗制滥造始终坚持零容忍，发现一起处理一起。全国已有213家单位和207人列入环评失信"黑名单"或限期整改名单。生态环境部对建设单位加大查处力度，依法落实建设单位主体责任，并对环评单位加大抽查力度。生态环境部还强化靶向监管，建立环评人员从业异常情况预警机制，组织开展违规环评单位和环评工程师诚信档案专项整治，对无技术能力的空壳环评公司和"挂靠"环评工程师进行集中清理。

碳市场运行方面，生态环境部新闻发言人刘友宾介绍，全国碳市场第一个履约周期运行平稳，截至12月22日，碳排放配额累计成交量1.4亿吨，累计成交额58.02亿元。

根据《碳排放权交易管理办法（试行）》，全国碳市场第一个履约周期从2021年1月1日到12月31日。全国碳市场共纳入发电行业重点排放单位2162家，年覆盖约45亿吨二氧化碳排放量。

全国碳市场自今年7月16日启动上线交易以来，整体运行平稳，企业减排意识不断提升，市场活跃度稳步提高。"总体来看，全国碳市场作为控制和减少温室气体排放，推动实现碳达峰、碳中和重要政策工具的作用得以初步显现。"刘友宾说。

【案例讨论】

谈谈你所知道的我国已经基本建立的覆盖全国"三线一单"（生态保护红线、环境质量底线、资源利用上线和生态环境准入清单）生态环境分区管控体系的相关情况和问题，它对中国的生态文明和美丽中国建设具有什么重要意义？

【案例分析】

本案例的教学目的是让学生通过对我国已经基本建立的覆盖全国所有省份、地市两级"三线一单"（生态保护红线、环境质量底线、资源利用上线和生态环境准入清单）生态环境分区管控体系的了解，具体把握我国生态文明和美丽中国建设的新成就以及解决生态环境问题的中国智慧，加强投身美丽中国建设的责任感和积极性。

党的十八大以来，在生态环境保护问题上，以习近平同志为核心的党中央深刻总结我国生态文明建设的经验教训，不断深化对人与自然和谐共生关系的认识，形成了以习近平生态文明思想为核心的全面系统的生态文明观和生态智慧。它是对马克思主义关于人与自然关系思想的坚持和发展，是促进人与自然和谐共生的中国智慧的集中体现。我国已经基本建立的生态环境分区管控体系就是在这一生态文明观和生态智慧指导下，在生态环境保护实践中探索形成的具体智慧成果。

【教学建议】本案例适用于第五章第三节"建设美丽中国及对世界的贡献"的"一、建设美丽中国取得重大进展"与"二、解决生态环境问题的中国智慧"内容的辅助教学与考核。

案例4　建立跨省流域生态保护补偿机制
推动形成新安江流域治水命运共同体①

【案例呈现】

近年来，各地持续推进生态保护补偿制度建设，充分调动各方积极性，不断健全生态环境保护的市场机制，取得了积极进展。生态环境部

---

① 生态环境部.建立跨省流域生态保护补偿机制　推动形成新安江流域治水命运共同体［N］.中国环境报，2021-02-23.

总结了九个生态保护补偿典型案例，为各地推动生态保护补偿提供借鉴。

习近平总书记强调指出，千岛湖是我国极为难得的优质水资源，加强千岛湖水资源保护意义重大，浙江、安徽两省要着眼大局，从源头控制污染，走互利共赢之路。这为保护新安江指明了方向，提供了保障。

新安江流域情牵皖浙两省，是黄山和杭州两地人民共同的母亲河。省界断面多年平均出境水量占千岛湖年均入湖总水量的60%以上，新安江水质的优劣很大程度决定了千岛湖的水质好坏，关乎长三角生态安全。

新安江流域生态保护补偿自2011年启动实施，成为我国首个跨省流域生态保护补偿试点。截至目前，新安江流域生态保护补偿试点已经实施了三轮，共安排补偿资金52.1亿元，其中，中央出资20.5亿元，浙江出资15亿元，安徽出资16.6亿元。通过试点，新安江流域水质逐年改善，千岛湖营养状态指数呈下降趋势，达到了以生态保护补偿为纽带、促进流域上下游共同保护和协同发展的目的，探索出了一条生态保护、互利共赢之路。

皖浙两省通力合作，补偿制度不断优化完善

在新安江流域生态保护补偿机制酝酿实施的过程中，皖浙两省不断统一思想、深化认识，突出新安江水质改善结果导向，基于"成本共担、利益共享"的共识，以生态环境部公布的省界断面监测水质为依据，通过协议方式明确流域上下游省份各自的职责和义务。协议确定以新安江皖浙交界的街口断面作为考核断面，以高锰酸盐指数、氨氮、总磷、总氮为考核指标。三轮协议中的流域补偿标准并不是一成不变的，而是结合治水需要不断完善，第三轮的考核要求更高，尤其是在水质考核中加大了总磷、总氮的权重，同时相应地提高了水质稳定系数。

安徽省黄山市政府注重运用市场化手段，2016年与国开行安徽分行、国开证券有限责任公司、中非信银投资管理有限公司共同发起设立新安江绿色发展基金，首期规模20亿元，采取债权、股权投资等方式，对生态治理和环境保护、绿色产业发展、文化旅游开发等领域进行支持，促进了黄山市产业转型和绿色发展。

皖浙两省通过资金补偿、对口协作、产业转移、人才培训等方式建立多元化补偿关系，激发生态保护动力。安徽省黄山市全面对接长三角消费升级大市场，加快推进"融杭发展"，培育壮大茶叶、徽菊、油茶、泉水养鱼、皖南花猪、黟县"五黑"等特色农业产业基地，2019年安徽省黄山市引进杭州都市圈项目和投资金额分别占全市引进份额的16%和11%。

生态、经济、社会效益日渐显现

新安江流域生态保护补偿三轮试点实施以来，新安江流域水环境质量持续保持优良，同时流域生态经济保持较快发展，实现了保护与发展的良性互动。

千岛湖水质保持稳定。在全国61个重点湖泊中名列前茅，被列入首批5个"中国好水"水源地之一。淳安县全域88条河流Ⅰ类水质占比达70%以上，连续三年夺得浙江"五水共治"大禹鼎。安徽省黄山市累计退耕还林36万亩，森林覆盖率由77.4%提高到82.9%，湿地、草地面积逐年增加，自然生态景观在流域占比达85%以上。

绿色产业实现良性发展。上下游地区大力发展特色产业、乡村旅游等绿色产业，着力打通"绿水青山就是金山银山"转化通道。安徽省黄山市累计关停污染企业220多家，整体搬迁企业90多家，优化升级项目500余个，带动乡村旅游、休闲度假、徽州民宿等多种业态蓬勃发展，七成以上村庄、十多万农民参与旅游服务，全域旅游格局初步形成，"泉水鱼"成为我国首个纯渔业农业重要文化遗产。

社会效益得以显著提升。安徽省黄山市为改善农村人居环境和垃圾分类，建起172家"生态美超市"，覆盖了所有乡镇，生态保护意识深入人心。"新安江模式"入选中组部贯彻落实习近平新时代中国特色社会主义思想在改革发展稳定中攻坚克难案例、全国"改革开放40年地方改革创新40案例",写入党中央、国务院《生态文明体制改革总体方案》《关于健全生态保护补偿机制的意见》《关于建立更加有效的区域协调发展新机制的意见》,在全国其他9个流域复制推广。

新安江补偿试点实现了流域上下游发展与保护的协调,充分表明保护生态环境就是保护生产力,改善生态环境就是发展生产力。

【案例讨论】

新安江补偿试点的成功案例对于中国的生态文明、美丽中国建设以及全球生态环境保护和经济发展之间的矛盾问题的思考和解决具有怎样的理论和实践意义?

【案例分析】

目前,新安江流域生态保护补偿试点已经实施了三轮,共安排补偿资金52.1亿元,其中,中央出资20.5亿元,浙江出资15亿元,安徽出资16.6亿元。本案例的教学目的是让学生通过建立跨省流域生态保护补偿机制,推动形成新安江流域治水命运共同体学习和了解,深刻认识新安江补偿试点的这一成功案例对于中国生态环境保护以及全球生态环境保护和经济发展之间的矛盾问题的启示和借鉴,探索解决生态环境建设中的分歧和斗争,进一步加快推动中国生态文明、美丽中国建设的理论和实践发展。

地球是全人类共有的唯一家园。在这个地球上,没有任何一个人、任何一个国家可以孤立存在。面对当代不断恶化的生态环境问题,世界多数国家和社会各界普遍认识到了生态环境破坏对人类生存的严重危害,各国应该根据自身的基本条件,努力解决本国生态环境问题,同时携起手来共同应对全球环境问题,从根本上改变生态环境恶化的趋势。虽然这样的全球共识已经初步形成,但是在具体的思想认识和实际行动上,仍然存在着严重的分歧和激烈的斗争。对一个国家和地区来说,其内部不同区域和层级之间也存在类似的问题。

面对全球性生态危机，各国和各地区虽然发展水平不同，但都从本国、本地区生存和发展的角度，对遏制环境污染、改善生态环境提出不同的主张，制定不同的政策，采取不同的行动。在责任分担、污染转嫁等问题上，各国和各个地区经常产生矛盾分歧并引起斗争。

导致这些矛盾与分歧的主要原因有两个：一是发达地区和欠发达地区对承担环境治理责任的认识存在分歧，发达地区希望和欠发达地区承担同等责任，欠发达地区则希望发达地区承担应有责任，特别是承担历史遗留问题和污染转移问题的责任；二是一些欠发达地区处于要生存还是要生态的两难境地，在生态治理方面不能采取坚决的行动。这种认识上的分歧与行动上的斗争，实质上是不同地区利益的分化和对立，导致我国环境恶化的趋势没有从根本上得到遏制。

各个地区在生态环境保护问题上的分歧与斗争，决定了生态环境问题的解决必然要经历一个长期曲折的过程。实现全面扭转全球环境恶化趋势的目标，应该坚持科学的态度和精神，正确处理生态环境与经济发展、科学技术、人的自由全面发展等重大关系，进而形成真正的全球性共识，共同采取有效的措施。

不可否认，世界各国和地区在现代化发展道路的探索中，存在着单纯追求经济增长的发展方式，从而导致经济发展和生态环境保护不可兼得的矛盾。只有转变传统的经济发展方式，实现高质量发展，才能做到经济发展和生态环境保护相互促进、辩证统一。从生态环境问题的源头看，发达地区应该承担更多的责任，对欠发达地区开展更有效的援助和经济补偿，更注重履行整体生态环境保护的义务。本案例探索"建立跨省流域生态保护补偿机制，推动形成新安江流域治水命运共同体"的成功试点实践行为生态环境建设中的分歧和斗争问题的解决提供了新的视角和示范。

【教学建议】本案例适用于第五章第二节"人类共同的时代责任"

的"二、生态环境建设中的分歧和斗争"内容的辅助教学与考核。

案例 5 生态环境部生态环境执法局有关负责人就
《"十四五"生态环境保护综合行政执法队伍建设规划》
答记者问①

【案例呈现】

生态环境部近日发布了《"十四五"生态环境保护综合行政执法队伍建设规划》（以下简称《规划》）。为全面深入了解《规划》的主要内容、实施重点，记者采访了生态环境部生态环境执法局有关负责人，对《规划》进行了详细解读。

问：《规划》出台的背景和意义是什么？

答：《规划》出台是深化生态环境保护综合行政执法改革的具体要求。"十三五"时期，在习近平生态文明思想和习近平法治思想的科学指引下，我们全面推进生态环境保护综合行政执法改革，推动生态环境执法工作融入主战场，开创了新局面。特别是生态环境执法队伍正式列入国家综合行政执法序列并实现统一着装，具有里程碑式的重大意义。目前生态环境保护综合行政执法改革的"前半篇文章"基本到位，但在执法职责、执法方式、执法机制、基础能力等方面还存在一些长期困扰基层的问题，与改革要求相比存在一定差距，不能满足新发展阶段对生态环境执法工作的新要求。2021 年 8 月，中共中央、国务院印发了《法治政府建设实施纲要（2021—2025 年）》，明确要持续深化行政执法体制改革。"十四五"时期，深化生态环境保护综合行政执法改革，制定系统性、协同性的顶层设计，进一步推动机构规范化、装备现代

---

① 生态环境部. 生态环境部生态环境执法局有关负责人就《"十四五"生态环境保护综合行政执法队伍建设规划》答记者问［EB/OL］. 百家号，2022-01-11.

化、队伍专业化、管理制度化建设，认真做好改革"后半篇文章"。

《规划》出台是深入打好污染防治攻坚战的必要条件。"十三五"时期，美丽中国建设迈出重大步伐。但当前我国生态环境保护结构性、根源性、趋势性压力总体上尚未根本缓解，重点区域、重点行业污染问题没有得到根本解决，实现碳达峰、碳中和任务艰巨，生态环保任重道远。2021年11月，中共中央、国务院印发了《关于深入打好污染防治攻坚战的意见》，对"十四五"时期深入打好污染防治攻坚战作出一系列重大决策部署。对标"十四五"时期的新形势、新目标、新任务、新要求，生态环境执法任务更加艰巨、责任更加重大，亟须持续加强执法队伍建设，用好、用足生态环境执法这个"利器"和"重器"，为深入打好污染防治攻坚战，持续改善生态环境，实现美丽中国建设目标提供重要保障。

《规划》出台是打造生态环境保护铁军主力军的重要举措。习近平总书记在全国生态环境保护大会上强调，要建设一支生态环境保护铁军，政治强、本领高、作风硬、敢担当，特别能吃苦、特别能战斗、特别能奉献。目前全国执法队伍人数占生态环境系统总人数的30%以上，担负着生态环境执法工作的重任，是生态环境保护铁军中的主力军。"十四五"时期，我们将深入贯彻落实习近平总书记重要指示精神，着力提升执法队伍的政治能力、依法行政能力、业务能力、执行落实能力。

为此，我们通过开展专题研究、深入实地调研、召开座谈研讨、广泛征求意见建议、开展专家论证等，编制了生态环境执法领域首个《规划》。《规划》是《"十四五"生态环境保护规划》的专项规划之一，是未来五年系统、全面指导我国生态环境保护综合行政执法队伍建设的纲领性文件。

问：《规划》的总体考虑是什么？

答：《规划》以习近平新时代中国特色社会主义思想为指导，坚定不移贯彻习近平生态文明思想和习近平法治思想，全面贯彻落实党的十九大和十九届二中、三中、四中、五中、六中全会精神，立足新发展阶段，完整、准确、全面贯彻新发展理念，构建新发展格局，牢牢把握推动减污降碳协同增效总要求，坚持"党建引领、问题导向、依法行政、改革创新"原则，以深化生态环境保护综合行政执法改革为动力，加快构建以排污许可制为核心的固定污染源执法监管体系，全面加强生态环境保护综合行政执法队伍建设，着力打造生态环境保护铁军中的主力军，为深入打好污染防治攻坚战，推进生态文明建设和实现美丽中国建设目标提供强有力的保障。到 2025 年，基本实现与新时期生态环境执法工作任务相匹配，生态环境执法效能大幅提升，建成机构规范化、装备现代化、队伍专业化、管理制度化的生态环境保护综合行政执法队伍。

问：《规划》主要内容和重点有哪些？

答：《规划》总体分为四部分，其中重点任务主要有七方面：

一是开展机构规范化建设。通过完善执法机构管理、规范综合行政执法职能、建设规范化试点单位等重点举措，进一步健全统筹协调、分工负责的生态环境保护综合行政执法体制机制，建成一批市县执法机构规范化单位，全面推动执法机构规范化建设。

二是加强装备现代化建设。通过推动执法装备标准化建设、全面完成统一制式服装、加强新技术新装备应用等重点举措，补齐补全执法装备短板，进一步推动执法装备现代化建设。

三是推动队伍专业化建设。通过加强队伍思想政治建设、建立人员资格管理制度、构建执法岗位培训体系、持续开展大练兵活动、建设执法实战实训基地等重点举措，建立国家、省两级培训体系，实施"百千万"执法人才培养工程，全面提升人员素质和业务水平。

四是推进管理制度化建设。通过健全执法监管机制、建立执法联动协作机制、全面开展执法稽查检查、建立完善队伍保障机制等重点举措，切实加强执法队伍职业保障，全面推进管理制度化建设。

五是强化执法信息化建设。通过构建执法信息化管理体系、整合完善执法监管信息平台、整合完善污染源监控中心、完善自动监控执法体系等重点举措，建成以移动执法系统为核心的执法信息化管理体系，建立国家污染源在线监控中心工作机制，整合完善国家、省、市三级生态环境部门366个监控中心，构建"横向互联、纵向互通"的大数据网络，切实提升执法信息化水平。

六是营造良好执法环境。通过完善普法长效机制、促进企业自觉守法、畅通公众参与渠道、完善举报投诉机制等重点举措，营造良好的执法守法环境，形成全社会共同参与执法的良好局面。

七是提升基础研究能力。通过构建执法技术支撑体系、加强执法难点问题研究、组织开展执法效能评估等重点举措，构建"上下联动、点面结合"的执法研究体系，为生态环境保护综合行政执法提供有力保障。

问：下一步，如何推动《规划》落实？

答：为保障《规划》顺利实施，我们将重点开展以下工作。

一是组织宣贯培训。通过生态环境保护综合行政执法培训班对《规划》进行解读和宣贯，通过部"两微"、执法简报等形式对地方有关工作开展情况进行宣传报道。

二是任务分解落实。抓紧形成可落地、可执行的重点任务分工，切实抓好重点工作落实。鼓励和指导地方生态环境保护综合行政执法机构结合区域特点，提出适合本地区实际情况的政策措施。

三是建立推进机制。建立健全分工协作、责任清晰的工作机制，明确责任和进度安排，统筹推动生态环境保护综合行政执法队伍建设，及时沟通信息、交流经验，确保规划重点任务落地见效。

四是组织开展评估。进一步发挥好规划的引领作用，围绕规划目标、重点任务及工程实施情况等定期开展规划实施评估，加强指导督促地方推动落实各项任务。

【案例讨论】

谈谈你对我国《"十四五"生态环境保护综合行政执法队伍建设规划》的主要内容、实施重点的认识和展望。

【案例分析】

本案例的教学目的是让学生了解生态环境部发布的《"十四五"生态环境保护综合行政执法队伍建设规划》（以下简称《规划》）。通过全面深入了解《规划》的主要内容、实施重点，在赞叹我国生态文明建设生态环境保护取得巨大成就的同时，也认识到建设美丽中国任重道远。

通过多年的努力，我国生态环境质量持续好转，出现了稳中向好趋势，但成效并不稳固。生态文明建设正处于压力叠加、负重前行的关键期，已进入提供更多优质生态产品以满足人民日益增长的优美生态环境需要的攻坚期，也到了有条件有能力解决生态环境突出问题的窗口期。生态环境修复和改善，是一个需要付出长期艰苦努力的过程，不可能一蹴而就，必须坚持不懈、奋发有为。

具体来讲，当前我国生态环境面临的突出问题主要表现在以下方面。从生态看，生态退化依然严重。2020 年，全国水土流失面积 269.27 万平方千米，约占国土面积的 28.15%。从资源看，资源利用依然粗放，单位国内生产总值能耗仍高于世界平均水平，水资源过度开发利用，地下水超采严重，由此引发地面沉降、地面塌陷、海水入侵、土地荒漠化、泉水衰减等一系列严重生态环境问题。从环境看，污染形势依然严峻，全国主要污染物排放总量高于环境容量，区域性灰霾污染和流域水污染仍呈常态化。从农业看，面源污染依然较高，农业面源污染已成为我国水源污染的主要原因之一，多年来我国化肥施用量占世界 1/3 左右，远高于耕地面积占世界的比例，残留的化肥和农药经过降水、地表径流、土壤渗滤进入水体中，导致土壤和水环境恶化。从消费看，浪费现象触目惊心，在粮食生产、流通、加工、消费环节存在大量浪费现象，餐桌上的浪费尤为惊人，包装浪费现象也很突出。

总之，推动形成绿色发展方式和生活方式具有长期性、复杂性、艰巨性，如果不重视、不抓紧、不落实，任凭存在的问题再恶化下去，我国发展将是不可持续的。实现经济社会的可持续发展，建设美丽中国，核心目标是让老百姓呼吸上新鲜的空气、喝上干净的水、吃上放心的食物、生活在宜居的环境中、切实感受到经济发展带来的实实在在的环境效益，让中华大地天更蓝、山更绿、水更清、环境更优美。实现这样的目标任务，必须把生态文明建设贯穿经济社会建设的全过程和各方面。

【教学建议】本案例适用于第五章第三节"建设美丽中国及对世界的贡献"的"2. 建设美丽中国任重道远"内容的辅助教学与考核。

四、参考文献

[1] 习近平. 高举中国特色社会主义伟大旗帜 为全面建设社会主义现代化国家而团结奋斗：在中国共产党第二十次全国代表大会上的报告 [M]. 北京：人民出版社，2022.

[2] 俞可平. 生态环境为何持续恶化 [M] //冉冉. 中国地方环境政治：政策与执行之间的距离. 北京：中央编译出版社，2015.

[3] 张蕾. 2021 年从十大热词看生态环境 [N]. 光明日报，2021-12-25 (9).

[4] 曹红艳. 全国生态环境分区管控体系基本建立 [N]. 经济日报，2021-12-24.

[5] 生态环境部. 建立跨省流域生态保护补偿机制 推动形成新安江流域治水命运共同体 [N]. 中国环境报，2021-02-23.

[6] 生态环境部. 生态环境部生态环境执法局有关负责人就《"十

四五"生态环境保护综合行政执法队伍建设规划》答记者问 [EB/
OL]. 百家号，2022-01-11.

[7] 于天昊. 美国大选拉开帷幕，美国未来环境政策走向引人关
注：美国退出《巴黎协定》的背后，或对全球造成影响 [EB/OL]. 知
乎，2020-11-06.

第六章　当代科学技术

一、理论知识概要

（一）知识结构

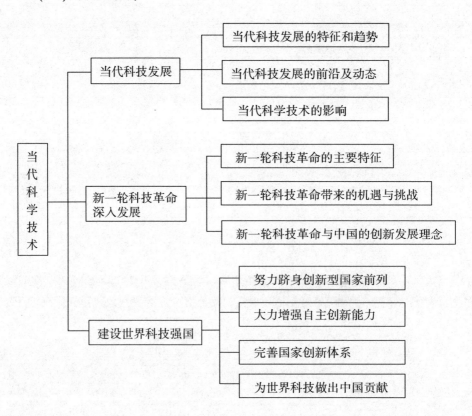

（二）理论知识

科学技术是先进生产力的集中体现和主要标志，是第一生产力。当代科学技术呈现出加速化趋势，表现出一系列如科学技术一体化及交叉融合加速发展等特征与趋势。一些重大科技问题的原创性突破正在开辟新前沿新方向，一些重大颠覆性技术创新正在创造新产业和新业态。当今世界，科技竞争越来越成为综合国力竞争的关键，原始创新成为科技竞争制高点，自主创新能力成为国家竞争力的决定性因素。面对新一轮科技革命带来的机遇与挑战，我们必须树立世界眼光，站在当代科技发展的最前沿，及时了解当代科技发展的最新动态，实施创新驱动发展战略，更好把握当代科技的发展趋势，以创新实现高水平科技自立自强。科技是国家强盛之基，创新是民族进步之魂。我们必须完善国家创新体系，加快建设科技强国，向第二个百年奋斗目标迈进，为实现中国式现代化提供强有力的战略支撑。

二、教学重点、难点

（一）马克思、恩格斯对科学技术的理解

科学是建立在实践基础之上，通过实践对自然的认识与解释，是人类对客观世界规律的理论概括，是社会发展的一般精神成果。马克思、恩格斯认为科学应该是排除了形而上学因素，建立在实践基础之上的。技术在本质上体现了人对自然的实践关系，"工艺学揭示出人对自然的能动关系，人的生活的直接生产过程，从而人的社会生活关系和由此产生的精神观念的直接生产过程"。[①]

（二）科技一体化

科技一体化是现代科学理论、技术及其应用开发三者紧密结合成一

---

① 马克思主义文集：第 5 卷［M］. 北京：人民出版社，2009：429.

体的现象。科学与技术一体化是当代科技革命的一个显著特点，主要是指科学越来越离不开技术的支撑，并且向技术转化的速度愈来愈快；同时技术也离不开科学理论的指导，科学含量愈来愈高。科学与技术衔接后相互渗透、相互包含，以致融合成连续的整体。

科学技术一体化的主要特征是：科学技术化，技术科学化，并在科学和技术间诞生了许多边缘学科和交叉学科。

科学的技术化有两方面含义，一是指在科学研究活动中包含了大量的技术活动和把技术成果作为科学的辅助部分；二是科学的发展依赖于现代技术为其提供先进的研究设备和手段，技术在科学研究中显现出前提性作用，新技术的发展促使认识自然的实验手段不断增加、不断提高，从而推动科学的进一步发展。技术的科学化也包含两层意思，一是指在技术开发活动中，科学知识成为技术活动的组成要素，技术开发具有科学探索的属性，变为科学的延伸和拓展；二是技术以科学知识为基础，技术的发展依赖于现代科学，重大技术问题的解决往往依赖于科学理论的突破。

当下，以科技创新共同体建设为着眼点，推进创新政策有效衔接、科技资源高效共享、创新主体高效协同对国家创新体系建设有着重要的作用。

（三）人工智能

人工智能（Artificial Intelligence），英文缩写为 AI。人工智能是计算机学科的一个分支，20 世纪 70 年代以来被称为世界三大尖端技术之一（空间技术、能源技术、人工智能），也被认为是 21 世纪三大尖端技术（基因工程、纳米科学、人工智能）之一。

人工智能是研究使计算机来模拟人的某些思维过程和智能行为（如学习、推理、思考、规划等）的学科，主要包括计算机实现智能的原理、制造类似于人脑智能的计算机，使计算机能实现更高层次的应用。人工智能是智能学科重要的组成部分，它企图了解智能的实质，并生产出一种新的能以人类智能相似的方式做出反应的智能机器。人工智能的出现，说明人类意识已经发展到把意识活动部分地从人脑中分化出来、物化为机器的物理的运动、延长意识器官的新阶段。2021 年 9 月25 日，为促进人工智能健康发展，《新一代人工智能伦理规范》发布。

（四）创新驱动发展战略

2016 年 5 月 19 日中共中央国务院印发《国家创新驱动发展战略纲要》（以下简称《纲要》），指出：

实现创新驱动是一个系统性的变革，要按照"坚持双轮驱动、构建一个体系、推动六大转变"进行布局，构建新的发展动力系统。

双轮驱动就是科技创新和体制机制创新两个轮子相互协调、持续发力。抓创新首先要抓科技创新，补短板首先要补科技创新的短板。科学发现对技术进步有决定性的引领作用，技术进步有力推动发现科学规律。要明确支撑发展的方向和重点，加强科学探索和技术攻关，形成持续创新的系统能力。体制机制创新要调整一切不适应创新驱动发展的生产关系，统筹推进科技、经济和政府治理等三方面体制机制改革，最大限度释放创新活力。

一个体系就是建设国家创新体系。要建设各类创新主体协同互动和创新要素顺畅流动、高效配置的生态系统，形成创新驱动发展的实践载体、制度安排和环境保障。明确企业、科研院所、高校、社会组织等各类创新主体功能定位，构建开放高效的创新网络，建设军民融合的国防科技协同创新平台；改进创新治理，进一步明确政府和市场分工，构建统筹配置创新资源的机制；完善激励创新的政策体系、保护创新的法律制度，构建鼓励创新的社会环境，激发全社会创新活力。

六大转变就是发展方式从以规模扩张为主导的粗放式增长向以质量效益为主导的可持续发展转变；发展要素从传统要素主导发展向创新要

素主导发展转变；产业分工从价值链中低端向价值链中高端转变；创新能力从"跟踪、并行、领跑"并存、"跟踪"为主向"并行""领跑"为主转变；资源配置从以研发环节为主向产业链、创新链、资金链统筹配置转变；创新群体从以科技人员的小众为主向小众与大众创新创业互动转变。

紧紧围绕经济竞争力提升的核心关键、社会发展的紧迫需求、国家安全的重大挑战，采取差异化策略和非对称路径，强化重点领域和关键环节的任务部署。

（五）中国共产党第十九届中央委员会第五次全体会议公报

中国共产党第十九届中央委员会第五次全体会议，于2020年10月26日至29日在北京举行。

全会提出，坚持创新在我国现代化建设全局中的核心地位，把科技自立自强作为国家发展的战略支撑，面向世界科技前沿、面向经济主战场、面向国家重大需求、面向人民生命健康，深入实施科教兴国战略、人才强国战略、创新驱动发展战略，完善国家创新体系，加快建设科技强国。要强化国家战略科技力量，提升企业技术创新能力，激发人才创新活力，完善科技创新体制机制。

三、特色案例

案例1　中华人民共和国科技水平①

【案例呈现】

材料：

中华人民共和国的科学技术水平得到了很大提高，在计算机、航空航天、生物工程、新能源、新材料、激光技术等领域都取得了重大科技

---

① 中华人民共和国科技［EB/OL］. 百度百科，2022-07-27.

成果。20 世纪 80 年代至 90 年代，中国政府先后推出"863 计划"和"科教兴国战略"，两者大大促进了我国科技的发展和进步。

中国设有众多公立的科研机构，包括中国科学院、中国工程院和许多研究型大学。每年都有大量国家拨款用于科研。在超大规模集成电路、超级计算机、航天技术、可控热核聚变等方面国际竞争能力也在快速提升当中。

自新中国成立以后，20 世纪 60 年代至 70 年代，中国先后掌握了"两弹一星"技术；1973 年，水稻专家袁隆平培育出了"籼型杂交水稻"，该水稻亩产比普通水稻增产 20% 以上，被称为"东方魔稻"。袁隆平因此获得了中国"国家最高科学技术奖"。1986 年 3 月，在四位老科学家的建议下，时任中顾委主任的邓小平作出批示，要求"找些专家和有关负责同志讨论，提出意见，以凭决策"。"863 计划"就因上述时间而得名。半年后，《863 计划纲要》形成，选择生物技术、航天技术、信息技术、激光技术、自动化技术、能源技术、新材料和海洋高技术八个领域列为中国发展高技术的重点。1995 年 5 月，中共中央、国务院作出《关于加速科学技术进步的决定》，正式提出科教兴国战略。

中华人民共和国政府高度重视科学研究，从 2000 年到 2010 年，中华人民共和国的科研经费从 895.7 亿人民币增长到 6980 亿人民币，年均增长率为 22.79%，科研经费占 GDP 的比重从 2000 年的 1.00% 增长至 2010 年的 1.75%，已超过世界平均水平（1.60%）。

中国在 2011 年的专利申请数连续超过日本及美国居世界第一，2010 年被《科学引文索引》（SCI）收录的世界科技论文总数为 142.1 万篇，其中中国科技论文 14.84 万篇，占 10.4%，位居世界第二。自从改革开放以来科技发展开始提速，众多的国际评级机构和报告认为中国在航天、载人深潜、量子通信、高铁超导、电子技术、核能、激光等领域成果显著，但同时在绿色能源、发动机、精密制造、自动化等领域上与发达国家仍有差距。

中国政府为了奖励在科技进步活动中做出突出贡献的公民，推动中国科技事业的发展，设立五个国家科学技术奖。包括国家最高科学技术奖、国家自然科学奖、国家技术发明奖、国家科学技术进步奖、国际科学技术合作奖。其中规格最高的奖项当属国家最高科学技术奖。国家最高科学技术奖每年评审一次，每次选出不超过两名科技成就卓著、社会贡献巨大的公民，由国家主席亲自签署并颁发荣誉证书和高额奖金。每位获奖者的奖金总额均为人民币500万元，其中50万元直接授予个人，另外450万元作为科学研究经费由获奖人全权管理具体用途。

【案例讨论】如何正确看待中国的科技发展？

【案例分析】

我们花费了半个多世纪的时间，走过了西方发达国家几百年的历程，从科技领域一穷二白到现在"学、赶、超"已然赶上乃至个别领域的超越。虽然有后发优势，但也非常了不起，令人自豪。

中国人能有今天的工业化成就和科技成就，是几代人付出了艰苦卓绝的努力乃至牺牲换来的，非常不容易，体现了自力更生、奋发图强的伟大精神。要知道，时至今日，西方发达国家仍然对中国进行着严密的技术封锁，凡是真正的核心科技我们都是难以获取的。

科技是第一生产力，是保证国富民安、民族复兴的根本。习近平指出，科学技术是第一生产力，创新是引领发展的第一动力。习近平强调，中国高度重视科学普及，不断提高广大人民科学文化素质。中国积极同世界各国开展科普交流，分享增强人民科学素质的经验做法，以推动共享发展成果、共建繁荣世界。

发展科技任重道远，需要一代又一代的国人自强不息，持续发力。国家之间的竞争归根到底是科技的竞争，而科技的根本则是人才，而人才之根本在于教育，国家每年尤其是近些年对教育的投入快速增长，希望有更多的人才涌现为祖国的科技发展贡献力量。

【教学建议】本案例可用在第六章第一节"当代科技发展"的教学中。

案例2　中国高技术发展的第一面旗帜
——"863 计划"①

【案例呈现】

材料：

1986 年 3 月，四位中科院院士，著名科学家王大珩、王淦昌、杨家墀和陈芳允联名向中共中央提出了"关于跟踪世界战略性高技术发展"的建议，邓小平同志为此特别指示："此事宜速作决断，不可拖延。"这个建议被提交中央政治局讨论。由于这个计划的提出和邓小平的批示都是在 1986 年 3 月，所以这个计划被命名为"863 计划"。计划的全称为"高技术研究发展计划纲要"。

1987 年 2 月，这项计划开始组织实施。国家组织了 200 多位专家，选定了 7 个领域、15 个主题作为中国高科技发展重点计划。这是第一个由科学家倡议、政治家决策、中央政治局讨论的科技计划，是中国科技发展史上划时代的大事。在汇报"863 计划"实施 10 年成果时，军委副主席张震同志曾说过："如果不是小平同志及时决断，我们将愧对子孙。"

"863 计划"有 7 个领域：生物、信息、自动化、新材料、新能源、航天、激光。10 年后，"863 计划"为中国的科技发展史留下了一长串让人欣喜的数字，共取得研究成果 1200 多项。其中，540 多项达到国际水平，567 项获国家或部委级奖励，获国内外专利 244 项，对 36 项关键技术的评估分析，60% 已进入或接近国际先进水平，11% 达到或保持了国际领先水平……

【案例讨论】"863 计划"有何影响？

---

① "863 计划"［EB/OL］. 大众网，2021-04-02.

【案例分析】

从载人航天的神舟飞船，到深潜入海的"蛟龙号"；从解决粮食自给的超级杂交水稻，到便捷出行的高速列车、新能源汽车；从北京奥运会上获得商业应用的高亮度激光投影产品，到具有自主知识产权的创新药物……这些在当下足以代表中国最高科技水平、提振国人民族自豪感的科技成就，有一个共同的起点——"863 计划"。

"863 计划"经过广大科研人员多年的努力，取得了一大批具有世界水平的研究成果，突破并掌握了一批关键技术，缩小了同世界先进水平的差距，培育了一批高技术产业生长点，极大地带动了我国高技术及其产业的发展，并为传统产业的改造提供了高技术支撑，使我国在"863 计划"所选高技术领域，由跟踪起步进入到了一个蓬勃发展的阶段。

"863 计划"的组织实施，对于中国科技发展、科技体制改革乃至人们思想观念的转变都产生了深远的影响。有些国外战略研究机构把中国"863 计划"及其未来走向的研究，作为预测未来世界技术发展的一部分。

【教学建议】本案例可用在第六章第二节"新一轮科技革命蓄势待发"的教学中。

案例 3 中关村：创新发展的一面旗帜①

【案例呈现】

材料：

40 年来，中关村不断改革探索，不断扩大开放，不断激发创新创业主体活力，伴随着改革开放的前进不断创新。历经 40 年改革发展，中关村聚集了近 2 万家高新技术企业，形成了以下一代互联网、移动互

---

① 李忠杰. 中关村：创新发展的一面旗帜［N］. 光明日报，2019-01-11 （6）.

联网和新一代移动通信、卫星应用、生物和健康、节能环保、轨道交通等六大优势产业集群，以及集成电路、新材料、高端装备与通用航空、新能源汽车等四大潜力产业集群为代表的高新技术产业集群和高端发展的现代服务业，构建了"一区多园"各具特色的发展格局，成为首都跨行政区的高端产业功能区，也成为中国改革开放最为成功的标志和缩影之一。

坚持创新驱动，全面实施创新引领的系统工程。习近平总书记指出，实施创新驱动发展战略是一项系统工程，涉及方方面面的工作，需要做的事情很多。北京市和海淀区始终以系统思维和有力举措，全面推进中关村创新引领。着力完善创新发展的市场化推进体系。深入开展高校院所育苗工程、领军企业摇篮工程、创业人才集聚工程、创业金融升级工程等，强化各类科技创新平台资源共享、技术转移、技术研发等功能，推动在高端人才、金融支撑、载体建设等方面形成多层次、多渠道创新创业服务体系。着力强化创新发展的基础环境建设。推进智慧园区建设，完善智慧中关村基础网络和数据共享服务平台建设，强化创新平台业务系统及重大项目全生命周期管理平台、融合数据中心、智慧中关村地理信息服务平台的基础数据完善、应用优化和运行保障。构建中关村创新创业线上服务平台。营造公平竞争的市场环境和有利于科技创新的法治环境，加强知识产权保护服务，加强与北京知识产权法院的合作，推动设立中关村知识产权仲裁机构，构建司法、行政、仲裁、调解等多主体参与的知识产权保护体系。着力培育创新企业，发展创业服务机构。形成市场化、专业化、集成化、网络化的"双创"示范基地，通过市场化机制、专业化服务和资本化途径构建低成本、便利化、全要素、开放式、生态型的众创空间。

坚持聚焦前沿，不断推动一系列重大领域的创新突破。着力聚焦前沿发展领域。重点发展人工智能、大数据与云计算、虚拟现实、下一代通信与未来网络、信息安全、核心芯片、智能硬件等前沿信息产业，抢占全球信息产业发展制高点。做强做优以精准医学、智慧医疗为重点的生物健康产业，积极落实"健康中国"战略，推动生物医药、生物医学工程、生物农业与食品安全、健康服务业四大产业领域发展。大力培育以智能机器人、石墨烯等纳米材料为重点的智能制造和新材料产业，重点发展工业互联网及应用服务、无人机、3D 打印、新型材料等产业。大力发展生态环境与新能源产业，大力发展大气污染防治、水污染处理与水资源利用、固废处置与资源循环利用、环境修复、高效节能、新能源及能源互联网六大产业板块。优化提升以智能汽车、轨道交通为重点的现代交通产业，重点发展智能汽车与新能源汽车、智能交通、北斗与位置服务、轨道交通等领域。积极培育以科技服务业、"互联网+"为重点的新兴服务业，重点发展科技服务业、创业服务业、文化创意、互联网金融、电商物流业等新兴服务业。

坚持辐射全国、面向世界，发挥创新发展的带动作用。中关村立足北京，辐射全国，把创新的种子撒向四面八方，很多项目研发在北京，制造在全国。中关村在雄安新区、天津滨海新区、保定等地区建立了20 余个合作科技园或成果转化基地。中关村企业在京外设立的分支机构超过 1.2 万家。当前，中关村正在加快构建京津冀协同创新格局，全方位支持雄安新区建设，落实与河北省签订战略合作协议，加紧推进雄安新区中关村科技园建设。中关村管委会在美国硅谷等地设立了 10 个海外联络处，中关村企业在海外设立研发中心或分支机构近千家，成为连接全球创新网络的重要节点。中关村坚持围绕国家战略需求和北京市社会经济发展需要，力争在关键技术上取得突破和创新，相继涌现出汉卡、汉字激光照排、超级计算机、非典和人用禽流感疫苗等一大批重大科技创新成果，为航天、三峡工程和青藏铁路等国家重大建设项目实施提供了强有力的支撑。

坚持引领未来，以不断创新促进持续发展。中关村的高科技产业从无到有，高科技企业从小到大，产业体系从大到精，在一次次迭代升级进程中，创新之路不断延伸，创新之潮不断激荡，推动着经济社会可持续发展，中关村也由此成为我国以科技引领未来的标志和象征。中关村先后攻克汉字激光照排系统、曙光超级计算机、中文搜索引擎、5G移动通信、人工智能芯片、无人驾驶平台、石墨烯材料制备、液态金属增材制造、靶向免疫、高端医疗器械等一批关键核心技术，并催生了一批具有国际竞争力的企业。特别是近年来，一批新生代科技企业快速崛起，在移动互联网、电子商务、计算机视觉、人工智能芯片、无人驾驶、高清和液晶显示技术等领域走在国际前列，名副其实地成为参与全球经济科技竞争的前沿阵地。

吸纳天下英才。人是创新发展的主体，人才是创新发展最宝贵最重要的资源。中关村大力集聚国际一流的高端人才和团队，深入落实"海聚工程""高聚工程"。中关村国际人才创新没有止境，发展未有穷期。面向未来，中关村应进一步发挥创新发展旗帜的作用，担当引领高质量发展、构建新型城市形态、改革创新试验田的责任使命，为北京和全国的创新发展做出新的贡献。

【案例讨论】如何应对新一轮科技革命和产业变革？

【案例分析】

应对新一轮科技革命和产业变革的机遇和挑战，一是要高度重视基础研究的重要作用。全球科技界继续加强在基础研究领域的广泛合作，积极组织实施和参与国际大科学计划和大科学工程，推动重大科技基础设施和科研数据的开放共享。

二是要加强科学创新人才培养，特别是要面向未来，培育更多有创新思维，有全球视野，能适应学科交叉融合发展趋势的青年科技人才。

三是要努力发挥科技创新在推动经济高质量发展、提高人民生活中的关键作用。科学研究要更多从人类发展的需求和重大问题挑战出发，更好地服务于经济社会可持续发展。

四是要积极推动国际科技共同体建设，加强团结信任，增进理解互信，创新国际合作方式和机制，携手谋划后疫情时代的国际合作。

【教学建议】本案例可用在第六章第二节"新一轮科技革命蓄势待发"的教学中。

案例4 努力成为世界主要科学中心和创新高地①

【案例呈现】

材料：

中国要强盛、要复兴，就一定要大力发展科学技术，努力成为世界主要科学中心和创新高地。我们比历史上任何时期都更接近中华民族伟大复兴的目标，我们比历史上任何时期都更需要建设世界科技强国！

第一，充分认识创新是第一动力，提供高质量科技供给，着力支撑现代化经济体系建设。要以提高发展质量和效益为中心，以支撑供给侧结构性改革为主线，把提高供给体系质量作为主攻方向，推动经济发展质量变革、效率变革、动力变革，显著增强我国经济质量优势。要通过补短板、挖潜力、增优势，促进资源要素高效流动和资源优化配置，推动产业链再造和价值链提升，满足有效需求和潜在需求，实现供需匹配和动态均衡发展，改善市场发展预期，提振实体经济发展信心。

世界正在进入以信息产业为主导的经济发展时期。我们要把握数字化、网络化、智能化融合发展的契机，以信息化、智能化为杠杆培育新动能。要突出先导性和支柱性，优先培育和大力发展一批战略性新兴产业集群，构建产业体系新支柱。要推进互联网、大数据、人工智能同实体经济深度融合，做大做强数字经济。要以智能制造为主攻方向推动产业技术变革和优化升级，推动制造业产业模式和企业形态根本性转变，以"鼎新"带动"革故"，以增量带动存量，促进我国产业迈向全球价值链中高端。

---

① 努力成为世界主要科学中心和创新高地［EB/OL］. 光明网，2021-03-15.

第二，矢志不移自主创新，坚定创新信心，着力增强自主创新能力。实践反复告诉我们，关键核心技术是要不来、买不来、讨不来的。只有把关键核心技术掌握在自己手中，才能从根本上保障国家经济安全、国防安全和其他安全。要增强"四个自信"，以关键共性技术、前沿引领技术、现代工程技术、颠覆性技术创新为突破口，敢于走前人没走过的路，努力实现关键核心技术自主可控，把创新主动权、发展主动权牢牢掌握在自己手中。

建设世界科技强国，得有标志性科技成就。要强化战略导向和目标引导，强化科技创新体系能力，加快构筑支撑高端引领的先发优势，加强对关系根本和全局的科学问题的研究部署，在关键领域、卡脖子的地方下大功夫，集合精锐力量，作出战略性安排，尽早取得突破，力争实现我国整体科技水平从跟跑向并行、领跑的战略性转变，在重要科技领域成为领跑者，在新兴前沿交叉领域成为开拓者，创造更多竞争优势。要把满足人民对美好生活的向往作为科技创新的落脚点，把惠民、利民、富民、改善民生作为科技创新的重要方向。

基础研究是整个科学体系的源头。要加大应用基础研究力度，以推动重大科技项目为抓手，打通"最后一公里"，拆除阻碍产业化的"篱笆墙"，疏通应用基础研究和产业化连接的快车道，促进创新链和产业链精准对接，加快科研成果从样品到产品再到商品的转化，把科技成果充分应用到现代化事业中去。

工程科技是推动人类进步的发动机，是产业革命、经济发展、社会进步的有力杠杆。广大工程科技工作者既要有工匠精神，又要有团结精神，围绕国家重大战略需求，瞄准经济建设和事关国家安全的重大工程科技问题，紧贴新时代社会民生现实需求和军民融合需求，加快自主创新成果转化应用，在前瞻性、战略性领域打好主动仗。

第三，全面深化科技体制改革，提升创新体系效能，着力激发创新活力。创新决胜未来，改革关乎国运。科技领域是最需要不断改革的领域。2014年6月9日，习近平在两院院士大会讲话中强调，推进自主创新，最紧迫的是要破除体制机制障碍，最大限度解放和激发科技作为第一生产力所蕴藏的巨大潜能。围绕这些重点任务，这些年来，我们大力推进科技体制改革，科技体制改革全面发力、多点突破、纵深发展，科技体制改革主体架构已经确立，重要领域和关键环节改革取得实质性突破。

要坚持科技创新和制度创新"双轮驱动"，以问题为导向，以需求为牵引，在实践载体、制度安排、政策保障、环境营造上下功夫，在创新主体、创新基础、创新资源、创新环境等方面持续用力，强化国家战略科技力量，提升国家创新体系整体效能。要优化和强化技术创新体系顶层设计，明确企业、高校、科研院所创新主体在创新链不同环节的功能定位，激发各类主体创新激情和活力。要加快转变政府科技管理职能，发挥好组织优势。

第四，深度参与全球科技治理，贡献中国智慧，着力推动构建人类命运共同体。科学技术是世界性的、时代性的，发展科学技术必须具有全球视野。不拒众流，方为江海。自主创新是开放环境下的创新，绝不能关起门来搞，而是要聚四海之气、借八方之力。要深化国际科技交流合作，在更高起点上推进自主创新，主动布局和积极利用国际创新资源，努力构建合作共赢的伙伴关系，共同应对未来发展、粮食安全、能源安全、人类健康、气候变化等人类共同挑战，在实现自身发展的同时惠及其他更多国家和人民，推动全球范围平衡发展。

要坚持以全球视野谋划和推动科技创新，全方位加强国际科技创新合作，积极主动融入全球科技创新网络，提高国家科技计划对外开放水平，积极参与和主导国际大科学计划和工程，鼓励我国科学家发起和组织国际科技合作计划。要把"一带一路"建成创新之路，合作建设面向沿线国家的科技创新联盟和科技创新基地，为各国共同发展创造机遇和平台。要最大限度用好全球创新资源，全面提升我国在全球创新格局中的位势，提高我国在全球科技治理中的影响力和规则制定能力。

第五，牢固确立人才引领发展的战略地位，全面聚集人才，着力夯实创新发展人才基础。功以才成，业由才广。世上一切事物中人是最可宝贵的，一切创新成果都是人做出来的。硬实力、软实力，归根到底要靠人才实力。全部科技史都证明，谁拥有了一流创新人才、拥有了一流科学家，谁就能在科技创新中占据优势。当前，我国高水平创新人才仍然不足，特别是科技领军人才匮乏。人才评价制度不合理，唯论文、唯职称、唯学历的现象仍然严重，名目繁多的评审评价让科技工作者应接不暇，人才"帽子"满天飞，人才管理制度还不适应科技创新要求、不符合科技创新规律。要创新人才评价机制，建立健全以创新能力、质量、贡献为导向的科技人才评价体系，形成并实施有利于科技人才潜心研究和创新的评价制度。要注重个人评价和团队评价相结合，尊重和认可团队所有参与者的实际贡献。要完善科技奖励制度，让优秀科技创新人才得到合理回报，释放各类人才创新活力。要通过改革，改变以静态评价结果给人才贴上"永久牌"标签的做法，改变片面将论文、专利、资金数量作为人才评价标准的做法，不能让繁文缛节把科学家的手脚捆死了，不能让无穷的报表和审批把科学家的精力耽误了！

【案例讨论】如何抵达"成为世界主要科学中心和创新高地"的目标？

【案例分析】

"科学技术从来没有像今天这样深刻影响着国家前途命运，从来没有像今天这样深刻影响着人民生活福祉。"我们比历史上任何时期都更接近中华民族伟大复兴的目标，我们比历史上任何时期都更需要建设世界科技强国！在这篇文章中，习近平总书记对如何成为世界主要科学中心和创新高地进行了冷静的思考与判断。

放眼世界，新一轮科技革命和产业变革深入发展，国际力量对比深刻调整，科技创新领域的竞争日趋激烈。

关键核心技术是要不来、买不来、讨不来的，唯有走"自主创新"之路。形势逼人，挑战逼人，使命逼人。我们必须走出适合国情的创新路子，特别是要把原始创新能力提升摆在更加突出的位置。

然而，自主创新却不易。创新从来都是九死一生。习近平鼓励科技工作者既要有"亦余心之所善兮，虽九死其犹未悔"的豪情，也要有"甘于坐冷板凳，勇于做栽树人、挖井人"的定力；既要看"面"，也要抓"点"。习近平指出，要加强对关系根本和全局的科学问题的研究部署，在关键领域、卡脖子的地方下大功夫；不仅要重视科学体系的源头——基础研究，也要为推动人类进步的发动机——工程科技领域"给足力"。

坚持走自主创新之路，才能抵达"成为世界主要科学中心和创新高地"的目标。

【教学建议】本案例可用在第六章第三节"建设世界科技强国"的教学中。

案例 5　习近平致我国 500 米口径球面射电望远镜落成启用的贺信①

【案例呈现】

材料：

值此 500 米口径球面射电望远镜落成启用之际，我向参加研制和建设的广大科技工作者、工程技术人员、建设者，表示热烈的祝贺和诚挚的问候！

浩瀚星空，广袤苍穹，自古以来寄托着人类的科学憧憬。天文学是孕育重大原创发现的前沿科学，也是推动科技进步和创新的战略制高

---

① 习近平致我国 500 米口径球面射电望远镜落成启用的贺信 [EB/OL]. 新华网，2016-09-25.

点。500 米口径球面射电望远镜被誉为"中国天眼",是具有我国自主知识产权、世界最大单口径、最灵敏的射电望远镜。它的落成启用,对我国在科学前沿实现重大原创突破、加快创新驱动发展具有重要意义。

希望你们再接再厉,发扬开拓进取、勇攀高峰的精神,弘扬团结奋进、协同攻关的作风,高水平管理和运行好这一重大科学基础设施,早出成果、多出成果,出好成果、出大成果,努力为建设创新型国家、建设世界科技强国做出新的更大的贡献。

【案例讨论】500 米口径球面射电望远镜落成启用说明了什么?

【案例分析】

国家重大科技基础设施 500 米口径球面射电望远镜于 2016 年 9 月 25 日落成启用。中共中央总书记、国家主席、中央军委主席习近平发来贺信,向参加研制和建设的广大科技工作者、工程技术人员、建设者表示热烈祝贺和诚挚问候。

习近平在贺信中指出,天文学是孕育重大原创发现的前沿科学,也是推动科技进步和创新的战略制高点。500 米口径球面射电望远镜被誉为"中国天眼",是具有我国自主知识产权、世界最大单口径、最灵敏的射电望远镜。它的落成启用,对我国在科学前沿实现重大原创突破、加快创新驱动发展具有重要意义。

习近平希望参与项目的科技工作者、工程技术人员和建设者再接再厉,发扬开拓进取、勇攀高峰的精神,弘扬团结奋进、协同攻关的作风,高水平管理和运行好这一重大科学基础设施,早出成果、多出成果,出好成果、出大成果,努力为建设创新型国家、建设世界科技强国做出新的更大的贡献。

我国 500 米口径球面射电望远镜落成启用仪式于 2016 年 9 月 25 日在贵州省黔南布依族苗族自治州平塘县举行。中共中央政治局委员、国务院副总理刘延东在启用仪式上宣读了习近平的贺信并致辞。她表示,要落实科技创新大会精神和创新驱动发展战略,依托我国 500 米口径球面射电望远镜先进技术条件，瞄准科学前沿，加强国际合作，聚集拔尖人才，打造高端科研平台，努力取得重大原创性成果，为我国天文学跻身世界一流水平和建设世界科技强国做出贡献。

我国500米口径球面射电望远镜主要用于实现巡视宇宙中的中性氢、观测脉冲星等科学目标和空间飞行器测量与通信等应用目标。

【教学建议】本案例可用在第六章第三节"建设世界科技强国".的教学中。

四、参考文献

［1］中共中央文献研究室.习近平关于科技创新论述摘编［M］.北京：中央文献出版社，2016.

［2］习近平.为建设世界科技强国而奋斗：在全国科技创新大会、两院院士大会、中国科协第九次全国代表大会上的讲话［N］.人民日报，2016-06-01（2）.

第七章　当代资本主义

一、理论知识概要

（一）知识结构

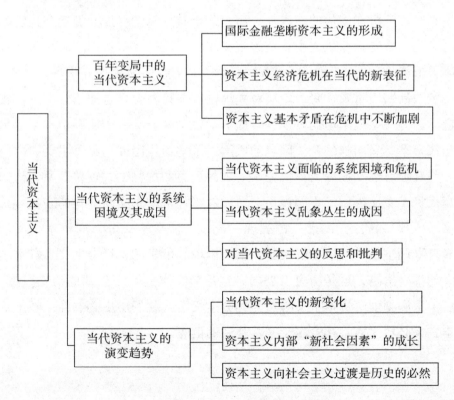

（二）理论知识

本章主要论述的是随着经济全球化的深入发展，当代资本主义呈现新特点，资本主义基本矛盾和社会问题加速累积，资本主义负重运行。国际金融危机的爆发和新冠肺炎疫情的蔓延，充分暴露了资本主义制度的短板和个人主义价值观的危害。为了转嫁危机，以美国为代表的当代资本主义国家，采取非理智的反常手段维护其霸主和"优先"地位，导致目前国际形势复杂多变，不稳定性不确定性更加突出，世界进入动荡变革期。

我们要通过本专题的教学，让学生把握马克思主义科学社会主义中关于百年变局中的当代资本主义变化的新特点和基本矛盾的新表现及基本内容，认知随着国际金融垄断资本的形成与发展，金融危机成为资本主义经济危机在当代的新表征，而国际金融危机的爆发又促使当代资本主义陷入系统性危机之中，资本主义基本矛盾又在危机中不断深化和加剧，形成一种恶性循环。了解当代资本主义面临的贫富分化日益严重、民主法治困境重重、阶级阶层对立加剧、文化冲突日益加重、生态危机应对乏力等系统困境的表现，掌握资本主义社会基本矛盾和根本制度是当代资本主义面临的系统困境的成因。了解当代国外马克思主义在内的一些社会思潮和流派为当代资本主义的反思和批判的观点，以及为认识当代资本主义提供了不同视角。通过对当代资本主义新变化的表现、实质和内部"新社会因素"的表现的讲授，使学生充分认同资本主义依靠自身调整是无法根本解决其面临的困境和危机的，社会主义是资本主义的唯一出路，这是历史发展的必然趋势，也是一个长期的历史过程。使学生深刻理解资本主义必然为社会主义所代替的历史必然性，坚定资本主义必然灭亡，社会主义必然胜利的信念。

二、教学重点、难点

（一）金融垄断资本在世界经济中占据主导地位，对各国经济发展产生的影响

其一，国际金融市场的经济虚拟化更加突出，国际金融市场规模日益扩大，金融衍生工具市场得到迅速发展。但是，金融衍生商品的交易与实际商品的生产和贸易脱节，规模庞大的金融活动失去了相应的物质生产与产品的支撑，由此产生了大规模的投机套利活动，甚至带来金融风险。

其二，发展中国家经济实力较弱，金融监管体系不完善，法律规章和金融调控机制不健全。如果全面开放金融市场、放松金融监管，极易受到国际金融波动的冲击，金融市场容易被国际金融垄断资本所控制和利用。在经济全球化深入发展的当代世界，金融垄断资本的逐利本性不仅没有改变反而更加疯狂，这种逐利本性恰恰是经济全球化产生各种负面效应的根源。

（二）2008年国际金融危机的特点

第一，爆发在虚拟经济领域，而后向实体经济领域蔓延。当危机由虚拟经济领域迅速传导到实体经济部门后，产业经济受到不同程度的影响，美国、日本、欧盟等世界主要经济体全面陷入经济衰退，全球产业体系和供应体系受到严重冲击。

第二，实体经济日趋萎缩，整个国民经济日益虚拟化。发达资本主义国家金融资本超前发展，金融衍生产品不断增多，而金融交易与生产活动脱节，实体经济萎缩，资本日益向第三产业特别是银行、保险、证券市场等金融行业转移。这些行业的过度发展，成为经济虚拟化的重要因素。

第三，民众包括工薪阶层超前、过度的透支消费，形成了严重的

"消费泡沫"。银行通过金融衍生产品，给那些明显没有消费能力的人群提供金融支持，使其超前、过度消费，以金融体系的信用掩盖消费能力不足，一旦消费需求萎缩，就会冲击信用体系和实体经济。

第四，波及范围不断扩大，从发达国家蔓延至其他国家。2008 年国际金融危机的影响范围十分广泛，不仅欧美等发达国家金融市场出现了大动荡，新兴国家市场也产生了严重的收支不平衡状况，发展中国家的经济受到了严重冲击。

（三）国际金融危机爆发使资本主义陷入系统性危机的表现

第一，经济结构性危机。由于不同生产部门、生产性企业和非生产性企业之间的平衡比例被打破，经济内在稳定增长的机制受到阻碍，资本主义经济出现了较为严重的结构性危机，经济结构内部组成要素之间关系的严重失衡，导致了经济的长期停滞。这种结构性经济危机往往与传统周期性经济危机相互交织，主要表现为生产过剩与有效需求不足、绝对过剩和相对过剩并行发生作用，从而加剧了经济危机的影响。

第二，选举民主危机。资本主义民主本质上是少数人的民主、金钱的民主。在投票选举方面，一人一票制的效力远不及一美元一票制的影响力大，垄断资本通过政治献金、游说以及金融部门与政府部门之间的"旋转门"，使国家政权以服务资本为目的。资本利益集团通过控制媒体、开具空头支票、煽动民粹情绪等操纵民意，加剧社会阶级、阶层、种群之间的矛盾和冲突，资本主义选举往往与资本主义动乱相伴。

第三，价值观危机。受国际金融危机的影响，发达资本主义国家经济衰退、持续陷入低迷，其自由、民主、平等、人权的资本主义价值观也屡屡受到质疑，不断受到冲击。经济危机和社会危机使越来越多的发达国家民众认识到，资本主义所宣扬的自由、民主、平等、人权，只属于社会上层的少数群体。悬殊的贫富差距、贫困的代际传递、社会阶层固化越来越明显，阶级、阶层之间的对立更加严重，甚至激化社会矛盾、引发严重的社会危机。资本主义国家还通过其价值观和意识形态输出干涉他国内政，撕裂其他国家和民族价值观的共同基础。

第四，生态危机。资本主义过度生产、过度消费以及这种消费主义生产生活方式在全球扩张，并通过目前还占优势的经济、社会、文化影响力绑架全世界，不断向发展中国家施压，不断向全球转嫁生态危机，进一步掠夺世界资源、破坏全球生态，从而引发全球生态危机。

（四）当代资本主义面临的系统困境和危机

第一，贫富分化日益严重。当代发达资本主义国家社会福利政策的实施，虽然在一定程度上改善了劳动者的生活条件，但在资本利润日趋扩大的同时，劳动者收入增长滞缓甚至出现相对下降趋势。特别是当经济危机来临时，失业率居高不下，进一步加剧了财富的分配不公，资本积累与贫困积累同步深化。一些国家为应对财政赤字压力而采取社会福利缩减政策，进一步恶化了底层劳动者的生活状况，加剧了贫富差距。

第二，民主法治困境重重。建立在生产资料私有制基础上的资本主义政治制度，使国家制度与劳动人民权利发生分离，不能真正保证人民的民主权利。在经济、政治、文化、社会、生态等各种资源被资产阶级独占的情况下，尽管宪法规定了人民的民主权利，但在实际上却无法实现，甚至还保存着体系性的种族歧视。

第三，阶级阶层对立加剧。在经济全球化条件下，资本的逐利本性变得更加贪婪。随着跨国公司的迅速发展，国际垄断资产阶级与国际工人阶级、管理层与普通员工、脑力劳动者与体力劳动者、主流社会群体与边缘群体之间的矛盾日益突出，这些矛盾的本质还是资产阶级和无产阶级的矛盾。资本主义社会阶级阶层的矛盾对立，在经济上表现为悬殊的贫富分化，政治上表现为族群撕裂，宗教上表现为极端化趋势，民族上表现为民族鸿沟等。

第四，文化冲突日益加重。当代资本主义崇尚自由主义、个人主义的意识形态，必然排斥以马克思主义为指导的集体主义、社会主义、共产主义思想。资本主义文化作为建立在资本主义经济基础和政治上层建筑之上的价值观念和思想道德，以生产资料的资本主义私有制为基础、以金钱为本位、以个人主义为核心，以为资本统治服务为目的。生活在其中的人们，精神世界必定日趋空虚和颓废，失去崇高的价值追求，在道德和伦理上迷失方向，甚至引发社会危机和灾难。

第五，生态危机应对乏力。经济全球化条件下的资本全球扩张，加剧了对全球自然资源的掠夺和对生态环境的过度开发，从而加快了对生态系统的破坏，造成了资源浪费、环境污染、生态失衡，自然资源面临枯竭的危险。资本对利润的无节制追逐，使资本扩张盛行，带来自然资源的盲目开发。当今全球范围内出现的生态危机，是资本对自然疯狂占用所产生的恶果，实际反映了资本主义条件下资本与自然关系的恶化。

（五）当代资本主义乱象丛生的成因

当代资本主义乱象丛生是由资本主义社会基本矛盾和根本制度引发的，主要有以下几方面原因。

第一，劳资矛盾的新对抗。资本能够带来剩余价值的价值，追逐最大限度的利润是它的本性。在当代资本主义国家，随着垄断的不断加剧，资本逐利的情况越发严重。资本对利润永不知足的贪婪，推动着生产规模的无限扩大，雇佣劳动者的生产不断满足着资本的欲望。

第二，少数发达国家与广大发展中国家的对立。当今世界，发达资本主义国家利用其在资本、技术、信息等方面的垄断优势，通过国际产品、技术、资金、劳动力、信息的不平等交换，攫取发展中国家的剩余价值。例如，发达国家利用其在一系列高科技产品的开发、生产和销售方面的垄断地位，采取各种手段操纵国际经济组织，干预国际经济事务，把自己的意志强加于发展中国家，实行经济殖民主义，造成这些国家长期存在经济科技落后、发展资金匮乏、债务负担沉重、贸易条件恶化、金融风险增大等问题。而在这一过程中，发达资本主义国家则最大限度地实现了自己的利益。发达资本主义国家与发展中国家在利益分配上的不平等，必然带来世界范围内的两极分化。

第三，资本主义制度内在矛盾交织深化。以私有制为核心的当代资本主义制度，本质上是维护资产阶级利益的，资源配置也是以资本追求最大剩余价值为导向的。资本主义基本矛盾贯穿整个资本主义制度的运行之中，通过经济、政治、文化等矛盾的交织深化表现出来，这是当代资本主义乱象丛生的根本原因。当代资本主义的经济矛盾，包括资本收入日趋扩大与劳动者收入增长滞缓甚至相对下降之间的矛盾、资本扩张与生态失衡之间的矛盾、虚拟经济与实体经济之间的矛盾等。当代资本主义的政治矛盾，包括利益集团操纵与主权在民的矛盾、资本主义私有制与民有民享的矛盾、资产阶级统治权力的统一性与内部分权制衡的矛盾等。当代资本主义的文化矛盾，包括物质文明发展与精神世界衰落之间的矛盾、科学技术发展与个人发展空间日益受限之间的矛盾、社会整体与个人主义之间的矛盾等。

（六）当代资本主义新变化发生的原因和实质

当代资本主义新变化发生的主要原因：一是科学技术革命和生产力的发展，是资本主义发生新变化的根本推动力量。发达资本主义国家通过新科技革命，生产力得到快速发展，劳动生产率提高，产业结构不断改善。二是资本主义发达国家的工人阶级为提高工资、改善劳动条件和生活条件开展斗争，迫使资产阶级做出一些让步、进行某些社会变革，增加社会福利。三是社会主义的发展对资本主义制度构成挑战，促使资产阶级在吸取和总结社会主义国家成功经验的基础上，对资本主义社会制度和运行机制进行某种程度的改良和调整。四是主张改良主义的资产阶级政党在不触动资本主义基本经济政治制度的前提下，对生产关系的个别环节进行调整。

当代资本主义新变化的实质：当代资本主义发生的新变化，从根本上说是人类社会发展一般规律和资本主义经济规律作用的结果。在当代资本主义条件下，科学技术的不断进步和生产社会化程度的不断提高，必然要求调整和变革那些不适应生产社会化要求的旧的生产关系。这种在人类社会发展一般规律和资本主义基本矛盾推动下的生产关系的变化，是资本主义生产方式为适应生产力发展要求而做出自我调节的结果。当代资本主义发生的新变化，是在其制度基本框架内的变化，并不意味着生产关系的根本性质发生了变化。

（七）当代资本主义"新社会因素"的表现

第一，资本的社会化。当代资本主义社会的资本虽然没有"失掉它的阶级性质"，但已经社会化了，主要表现在国有经济的发展使生产资料的国家占有空前壮大，各主要资本主义国家的国民财富1/3以上由国家直接支配；以股权社会化为特征的股份制经济成为主要经济组织形式，并呈现出股权分散化与控股法人化态势增强的趋势；合作经济广泛存在于生产、分配、交换和消费各个领域，并已成为国民经济中适应社会化大生产要求的不可或缺的重要组成部分，发挥着不可替代的作用。

第二，经济的计划化。在当代资本主义的发展中，国民经济的计划调节和宏观调控已贯穿社会再生产的全过程，国家越来越深入地介入社会经济生活的内部，直接参与、控制和干预社会经济的运行，在经济体制和经济机制、产业结构升级等方面，不断进行自我调节和调整，生产的计划性大大增强。2008年国际金融危机之后，当代资本主义世界采取的一些国家宏观调控政策，如减少财政赤字、中性货币政策、调整利率和货币供应量、拓展海外市场等，都反映了国民经济的计划调节和宏观调控的作用。虽然这些政策在资本主义制度范围内的作用有限，并且是追求利润最大化的需要，但反映了当代资本主义发展中孕育着"新社会因素"的事实。

第三，社会保障的加强。马克思和恩格斯在《共产党宣言》中强调，无产阶级夺取政权成为统治阶级后，要实行诸如征收高额累进税、对所有儿童实行公共的和免费的教育等重要措施。这些措施是在社会主义制度建立后实行的。当代资本主义在自身的范围内已经形成了包括最低工资限额、低收入补贴、失业救济、医疗保险、养老保险、教育补贴等种类繁多、覆盖面广的社会保障体系。在西欧、北欧国家，社会福利已不仅表现为社会救济，而且表现为法律规定的公民权利。

第四，企业民主管理水平的提升。当代资本主义为缓和劳资矛盾，在企业内部通过实行"共同决定制度"，建构劳资之间对话与合作的机制。"共同决定制度"要求企业必须吸收若干名工人进入董事会，参与企业管理，以保障工人在工作、生活等方面的权利。这一制度的推行，在一定程度上改善了资本主义企业内部的劳资关系，缓和了劳资双方的对立态度，使赤裸裸的雇佣关系蒙上了一层温情脉脉的面纱。

三、教学案例

案例1　静态社会与生态危机：当代资本主义
无法走出的困境①

【案例呈现】

"扩张"一直是资本主义社会最强烈的冲动。从最初的侵略与殖民，到今天借助于金融资本、网络技术、虚拟社会、空间生产等方式，资本主义社会以资本为核心的发展模式与价值观念对世界产生广泛影响。由于扩张的广度与深度如此彻底，其物质生产取得了巨大成就，以至于给人们一种错觉，即现行的以资本为核心的发展模式是别无选择的

---

①　车玉玲. 静态社会与生态危机：当代资本主义无法走出的困境［N］. 光明日报，2018-08-03（11）.

唯一正确道路。然而，西方左翼学者一直保持着对资本主义的批判性态度。进入 21 世纪以后，对于资本主义的批判性反思有了新的发展，尤其是国际金融危机的爆发，使他们对资本主义制度本身的批判更为强烈。西方左翼学者认为，不同于以往的周期性和局部性危机，这场危机反映了当代资本主义的"系统性危机"和"结构性危机"。在经济上，表现为资本主义社会这个成熟经济体的"停滞"，发达资本主义国家陷入金融化陷阱，即为了维持金融社会的运作，国家作为最后的贷款人需要不断地注资，其结果是虚拟经济不断膨胀、实体经济发展缓慢，金融泡沫不断升级，最后遭遇无法解决的危机。在政治上，表现为民主价值理念不断被稀释，以至于成为被精英阶层操纵的幌子。在文化上，表现为消费至上成为主流价值观，商品作为衡量一切的准则，消解了人自身与世界的多样性及丰富性，人成为顺从的"单向度存在"。在人与自然关系上，表现为人对待自然的工具化态度，造成了生态环境的急剧恶化，等等。

对于产生上述这些危机的当代资本主义运行机制，西方左翼学者从多个角度展开深入剖析。无论他们各自的观点多么迥然不同，都在试图探讨一个共同的问题，即"21 世纪的资本主义向何处去"。在他们看来，现代性所蕴含的进步力量在当代已经消耗殆尽，为了避免更加可怕的后果出现，应该改变现行的发展模式与价值观念，建构一种新的文明形态与非资本形态的理想社会制度。

对此，西方左翼学者认为，摆在当代资本主义面前的只有两条道路：毁灭或重生。只有制度的改变才能从根本上解决问题，建立一个非资本主义的社会主义体制，成为必要的选择。可以说，以往的资本主义危机还是在经济领域中，并可以在经济领域内得到暂时解决，但是当代资本主义危机则是全面的展开。回顾以往直至 20 世纪晚期资本主义发展过程中遭遇的多次大萧条，资本通过加紧在全球的扩张与政策调整能够暂时走出困境。然而，进入 21 世纪之后，以往的那些解决方案已经变得捉襟见肘。这主要是因为如下的两个方面成为当代资本主义发展无法突破的瓶颈。其一，静态社会的来临是当代资本主义制度性困境的重要根源。西方左翼学者使用"静态社会"来描述当代资本主义社会，其含义是指昔日充满活力、进步向上的社会体制已经演变成了一个竭力避免衰退的社会。社会各个阶层与收入固态化，社会的上升渠道日益狭窄、社会成员收入"遗传化"的趋势加重。我们知道，经济增长是资本主义社会的主要命脉。然而，进入 21 世纪以来，经济增长的速度明显减慢，而且增长的主要来源已经不是生产性投资，而是金融资本及其衍生品。其背后的真相是资本收益率远远高于劳动收益，这是造成资本主义社会阶层固化与贫富两极分化越发严重的主要根源。这种泡沫性的经济增长成为维持制度稳定的主要手段之一，制度和金融泡沫之间形成了畸形的依赖关系。因此，国家越是调控就越意味着两者之间的捆绑越加紧密，从而将带来更为危险的后果。其二，资源危机与生态灾难成为当代资本主义无限增长的根本障碍。西方左翼学者从政治生态学的角度指出，在当代，自然资源的有限性已经无法承载资本主义无限发展的欲求。简言之，在一个有限的世界中进行无限的增长，这是一个不可能实现的悖论。显然，上述所说的两个根本性困境，是当代资本主义不同于资本主义历史上任何一个发展阶段的新特点。

【案例思考】

1. 结合案例谈谈你对当代资本主义面临的系统困境和危机的认识。

2. 西方资本主义国家曾经是经济全球化的引领者和世界经济增长的发动机，"现代化"也一度被等同于"资本主义化"，但是，随着资本主义经济危机和社会危机的频发，当代资本主义逐步衰落已是不争的事实。结合当代资本主义新变化，谈谈你的认识。

【案例分析】

本案例揭示了当代资本主义社会以资本为核心的发展模式与价值观念，一方面使物质生产取得了巨大成就，给世界带来深远影响；另一方面也使得当代资本主义陷入到静态社会和生态危机之中。

资本主义社会体制已经演变成了一个竭力避免衰退的社会。社会各个阶层收入固态化，社会的上升渠道日益狭窄、社会成员收入"遗传化"的趋势加重。资本的全球扩张，加剧了对全球自然资源的掠夺和对生态环境的过度开发，从而加快了对生态系统的破坏，造成了资源浪费、环境污染、生态失衡，自然资源面临枯竭。当今全球范围内出现的生态危机，是资本对自然疯狂占用所产生的恶果。我们清晰地认识到国际金融危机的爆发促使当代资本主义陷入系统性危机之中，其根源是由资本主义社会基本矛盾和根本制度引发的，而资本主义也无法依靠自身之力彻底走出静态社会与生态危机的困境。

【教学建议】本案例适用于第七章第一节"百年变局中的当代资本主义"中的"资本主义基本矛盾在危机中不断加剧"内容的教学。通过案例让学生深刻感受当代资本主义的发展面临的系统困境和危机，认清当代资本主义出现系统性危机的原因。

案例 2　法国"黄背心"运动挑战马克龙新政①

【案例呈现】

自 2018 年 11 月 17 日起，一场波及整个法国的"黄背心"运动掀起了巨大的政治风暴，撼动了法兰西共和国的政治秩序。"黄背心"运动已持续两个月，成为近年来欧洲最声势浩大的社会运动。

2018 年 11 月中旬，法国总统马克龙宣布，自 2019 年 1 月 1 日起，提高燃油税。提高燃油税后，平均每个家庭的月支出将增加 10 欧元。提高燃油税的决定引起了民众的不满。抗议者身穿机动车驾驶员常备的反光"黄背心"。"黄背心"成为法国民众表达不满的象征。

---

① 孔田平.法国"黄背心"运动挑战马克龙新政［EB/OL］.中国社会科学网，2019-01-17.

　　参与"黄背心"运动的民众跨越了年龄、性别、职业和地区，生活成本的上升影响到工人阶级和中产阶级的生计，一些家庭入不敷出。抗议者中有失业者、退休者、工人、个体经营者、手工业者等。"黄背心"运动没有领袖，与特定的工会或政党无关。该运动自 2018 年 11 月 17 日起，如燎原之火扩散至全国，首都巴黎成了示威者抗议活动的"主战场"。每个周六成为"黄背心"抗议者动员的固定时间。"黄背心"抗议者指责马克龙关注气候变化导致的"世界末日"，忽视为支付油费、寻找工作和过上体面生活而挣扎的农村和城郊区域民众的疾苦。"黄背心"运动的提议者吉斯兰·库塔尔认为，政府所做的一切使富人保持富裕，穷人保持贫穷。马克龙总统的政策被认为使工人阶级生活更加艰难，使富人生活更加轻松。提高燃油税只是一个导火索，引发了工人阶级和中产阶级的不满，点燃了人民长期郁结的愤怒情绪。示威者封锁道路，并与警方发生冲突，打砸抢烧事件屡有发生。12 月 1 日，"黄背心"抗议者在巴黎与警察对峙并发生冲突。昔日繁华的香榭丽舍大道浓烟滚滚，法新社形容当日的场景犹如发生了革命。法国政府一方面与"黄背心"运动的代表展开对话，另一方面调整政策，宣布惠民措施，以安抚民众。此外，还以警力强势应对施暴的抗议者。

　　在马克龙总统于 12 月 10 日宣布增加民众福利之后，民众的愤怒情绪有所缓解，"黄背心"运动有退潮的趋势。12 月 15 日示威的规模大幅度下降，暴力活动也明显减弱。12 月 22 日示威人数比上周六下降 2/3，全国抗议人数为 3.8 万人。12 月 29 日抗议人数下降到 3.2 万人。法国前总统奥朗德认为，"黄背心"的抗议已经进入结束阶段。但是，2019 年 1 月 5 日，"黄背心"抗议活动有抬头之势，抗议人数上升至 5 万人。

　　亲历 1968 年"五月风暴"的法国蒙泰涅研究所特别顾问多米尼克·莫伊西对"黄背心"运动与 1968 年 5 月的运动进行了比较。他认为，"1968 年 5 月的运动是一个欢乐的乌托邦的产物，尽管出现了暴力。相比绝望，处于'光荣的三十年'之中的学生感受更多的是无聊"。"与当年相比，这次抗议的源头是中产阶级，而不是大学生，起因也不是无聊的情绪、乌托邦等，而是怨恨、愤怒、羞辱和绝望的大联合。"

在过去30多年，无论是密特朗和希拉克，还是萨科齐和奥朗德，均未解决法国经济的问题。15年前，法国和德国的生活水平相当，如今德国的生活水平比法国几乎高20%。2002年法国和德国的失业率均为8%，到2017年德国失业率下降到4%以下，而法国失业率接近于10%，其中年龄25岁以下的青年人失业率接近25%。法国经济增长乏力。自1990年代中期到2007年，欧洲大型发达经济体中只有意大利经济增长慢于法国。2008年全球金融危机爆发，当年法国的国内生产总值为2.92万亿美元，到2017年法国的国内生产总值降至2.58万亿美元。金融危机后的10年，法国经济可谓"失去的十年"。

就该事件本身而言，"抗议上调燃油税"仅仅是导火索而已，长期积压的社会矛盾集中反弹才是"黄马甲"运动的本因。不难发现，随着运动的深入，学生群体、工人群体、职工群体等各方势力都陆续加入到游行队伍，抗议口号也从单纯的抗议油价过高演变成针对生活成本、医疗、教育和退休制度等诸多改革措施的不满，甚至直指"反对马克龙改革计划""富人总统马克龙下台"。

【案例思考】

1. 法国爆发"黄背心"运动的深层次原因是什么？

2. 结合案例思考，谈谈你对当代资本主义乱象丛生的成因和认识？

【案例分析】

该案例通过分析法国在2018年发生的"黄背心"运动的始末，揭示出该运动是法国的经济、政治和社会民主等各方面出现矛盾的结果。巨额的税负、低迷的经济、高居的失业率，种种社会问题总爆发酿成了这场席卷法国全国的"黄马甲"运动。

通过对案例的学习，使学生正确认知在经济全球化条件下，资本的逐利本性变得更加贪婪。随着跨国公司的迅速发展，国际垄断资产阶级与国际工人阶级、管理层与普通员工、脑力劳动者与体力劳动者、主流社会群体与边缘群体之间的矛盾日益突出，这些矛盾的本质还是资产阶级和无产阶级的矛盾。因此，在当代资本主义制度下，工人阶级与资产阶级之间的矛盾虽然改变了形式和范围，但二者之间的对立与冲突并没有消失。资本主义社会阶级阶层的矛盾对立，在经济上表现为悬殊的贫富分化，政治上表现为族群撕裂，宗教上表现为极端化趋势，民族上表现为民族鸿沟等。随着当代资本主义国家的经济长期萎靡不振，贫富差距扩大，民众不满情绪会不断上涨，反对政府的群体性事件会频频发生。

【教学建议】 本案例适用于第七章第二节"当代资本主义的系统困境及其成因"中的"当代资本主义面临的系统困境和危机"内容的教学。让学生正确把握当代资本主义制度下，工人阶级与资产阶级之间的矛盾虽然改变了形式和范围，但二者之间的对立与冲突没有消失，并会随着当代资本主义经济发展"失调"愈演愈烈。

案例 3　富者独尊悖公道①

【案例呈现】

美国被称为"贫富分化最严重的西方国家"，这是多个研究机构在事实和数据基础上得出的结论。自 19 世纪末"镀金时代"美国开始"爆发式"地创造巨额财富以来，"富者愈富、贫者愈贫"现象就稳定地成为美国社会基本特征之一。及至 21 世纪的今天，美国贫富分化问题依然顽固地朝着越来越严重的方向发展。美式民主非但没有能力填平贫富差距鸿沟，反而把它割得越来越深、越来越长。

---

① 钟声. 富者独尊悖公道［N］. 人民日报，2021-05-27（3）.

近几十年来，美国结构性的种族主义，以及教育、医保、金融等系统中的不平等，都进一步加剧了贫富分化。彭博新闻社 2020 年 10 月报道，美国最富有的 50 人与最贫穷的 1.65 亿人拥有的财富相等。美国官方数据显示，美国贫富差距已达到自 20 世纪 20-30 年代经济大萧条以来的最高点。

美国贫富分化不仅体现在财富分配的两极悬殊，还体现在中产阶层的日益萎缩。美国知名经济学教授理查德·沃尔夫最近发表文章，将贫富分化问题加剧归为"衰退迹象"——过去 40 年美国经济增长缓慢，而这种增长的大部分落入了最富有的 10% 的人手中。另外 90% 的人实际工资增长有限，这促使他们大规模举债，而他们的债权人大多是最富有的 10% 的人。穆迪分析公司首席经济学家马克·赞迪一针见血地指出："这里有非常明显的赢家和输家，而且失败者正在被彻底压垮。"

放任贫富差距不断拉大，这是美国社会不公的一大突出体现。美国治理者没有促进共同富裕的切实行动，没有寻求利益最大公约数的真诚意愿，就等于根本没有把广大民众的权益放在心上，只是让"民主之治"成为海市蜃楼。新冠疫情给美国穷人造成的重创，更凸显了这一点——美国媒体报道，美国穷人感染病例更多，死亡率更高；疫情失控导致大规模失业潮，数千万人失去医疗保险，1/6 美国人、1/4 美国儿童面临饥饿威胁，美国穷人的预期寿命持续下降，"许多人感觉被华盛顿抛弃"。美联储公布的家庭财富季度研究报告显示，2020 年，最富有的 1% 美国家庭的净资产增加约 4 万亿美元，意味着他们获得了全美新增财富的 35% 左右；而最贫穷的那一半人口仅获得了 4%。《华盛顿邮报》评论指出，"新冠疫情带来了美国现代史上最不平等的衰退"。

"一栋裂开的房子是站不住的。"亚伯拉罕·林肯 160 多年前论及美国南北两种经济制度的话，如今也很适合用来分析美国贫富差距拉大的后果。近年来，观察人士评述美国贫富悬殊之危的措辞不约而同地日趋严厉，频频敲响警钟。美国参议员伯尼·桑德斯甚至坦言"美国贫富差距大得可耻"。美国诺贝尔经济学奖得主斯蒂格利茨在《美国真相》一书中犀利指出，横亘在上层和下层之间日益加深的鸿沟是美国当前困境的根源所在。在贫富差距日渐拉大的土壤上，民粹主义、种族主义、暴力犯罪等问题不断滋生，英国学者马丁·雅克将这些贫富差距带来的乱象描述为"美国的内爆"。桥水基金创始人、首席执行官雷·达里奥也预期这些乱象后果严重，甚至对美国发出"可能引发内战"的警告。

【案例思考】

1. 造成美国贫富差距不断拉大的根源是什么？
2. 结合案例谈谈美国贫富分化对于社会公平影响的认识？

【案例分析】

该案例对于美国贫富差距日益加剧的现状进行了深刻的解读，揭示出"美式民主"和贫富差分化所产生的社会恶性循环。美国结构性的种族主义，以及教育、医保、金融等系统中的不平等，进一步加剧了贫富分化，而贫富差距不断拉大，又在不断加剧美国的民主危机。通过案例学习，学生能深刻认识当代资本主义在资本利润日趋扩大的同时，劳动者收入增长滞缓甚至出现相对下降趋势。特别是当经济危机来临时，失业率居高不下，进一步加剧了财富的分配不公，资本积累与贫困积累同步深化。一些国家为应对财政赤字压力而采取社会福利缩减政策，进一步恶化了底层劳动者的生活状况，加剧了贫富差距。同时，在经济全球化过程中，虚拟经济与实体经济的脱节，国际金融衍生市场的发展，使当代世界经济与国际金融存在着极大的风险隐患，往往导致金融动荡、经济衰退，结果必然是劳动者生活状况的继续恶化。随着贫富差距日渐拉大，会使民粹主义、种族主义、暴力犯罪等问题不断滋生，阶级阶层对立加剧。

【教学建议】本案例适用于第七章第二节"当代资本主义的系统困境及其成因"中的"当代资本主义面临的系统困境和危机"内容的教

学。让学生正确把握以私有制为核心的当代资本主义制度，本质上是维护资产阶级利益的，资源配置也是以资本追求最大剩余价值为导向的，资本主义国家的贫富差距只会越拉越大，面临的系统困境和危机会不断加剧。

案例4 欧洲高福利制度亟须深层次改革①

【案例呈现】

上世纪50年代起，欧洲国家普遍建立了普惠性社会福利制度，在促进社会公平、稳定社会秩序等方面发挥了积极作用。随着经济社会情况的变化，高成本问题日益突出，人口老龄化等问题加剧，特别是在经济危机和难民危机冲击下，其结构性缺陷不断显现。

众多专家意识到，盲目推行高福利制度已成为经济发展的不利因素。有专家认为，如何在提供高福利和鼓励更多人参与劳动间找到平衡，是福利国家需要解决的根本性问题。还有专家指出，只有与现实发展情况相符的福利制度，才能最终达到惠及民众的积极效果。

自20世纪50-60年代起，瑞典、芬兰、挪威、丹麦、冰岛等北欧国家建立起高福利模式，几乎将公民的衣食住行、生老病死全部纳入社会保障体系。然而，伴随着人口老龄化问题不断加剧，高福利赖以维系的高税收受到极大冲击。2015年爆发的欧洲难民危机更让其制度性缺陷不断显现。

北欧国家的福利支出占国内生产总值比重较大，需要通过高税收来维系。据经合组织统计，瑞典、丹麦、芬兰税收占国内生产总值之比均高于40%，位居世界税收最高国家前列。挪威和冰岛税收占比虽然相对较低，但也接近40%，远高于经合组织成员平均水平。

高税收导致国内生产性投资不足和生产增长停滞，引发失业率上

---

① 欧洲高福利制度亟须深层次改革（记者观察）[N]. 人民日报，2019-07-12（17）.

涨。失业人数增加又会减少税收规模，并加重政府的福利支出负担，形成恶性循环。20世纪90年代初，芬兰曾经历严重的经济衰退，导致就业率急剧下降，至今仍未恢复到衰退前水平。与此同时，芬兰养老金支出目前占国内生产总值比例超过10%，而来自就业人口收入的支持不足7%。

由于生育率低和平均寿命延长，北欧国家65岁以上老龄人口占总人口比例近20%，已经步入"超老龄社会"阶段。面对日益增多的老龄人口，养老金出现巨大缺口，也给北欧国家财政的可持续性带来极大破坏。

欧洲政策研究中心研究员巴斯伦德认为，如何在提供高福利和鼓励更多人参与劳动间找到平衡，是福利国家需要解决的根本性问题。现阶段，北欧国家福利制度面临的最大挑战来自人口老龄化和移民问题。人口结构的变化导致北欧国家劳动力供给不足，这也是其经济增长缓慢的主要原因。

为缓解人口老龄化的压力，北欧国家纷纷延迟退休年龄。丹麦目前已经将退休年龄从2014年的60岁推迟至62岁，并计划在2019年至2022年进一步推迟至67岁，从而增加劳动力供给，扩大就业人口征税范围，减缓养老金支出增长，用以弥补养老金缺口。瑞典则采取了将退休年龄和养老金挂钩的弹性方式，鼓励老年人坚守工作岗位。

2015年欧洲难民危机给北欧福利国家模式带来了更大的难题。瑞典接纳了16.3万名难民，成为人均接纳难民人数最高的国家。由于受教育程度低、语言不通等原因，移民在瑞典的失业率超过15%，本国居民失业率仅不足5%。有评论认为，瑞典政府仅仅提供补贴及福利，却无法通过创造、提供就业岗位的方式帮助、规范难民。瑞典民众认为，自己缴纳的高额税负大量被用于与难民有关开支。民众长期积累的不满情绪，不仅给极端民粹主义的发展创造了空间，也让瑞典进一步削减福利等改革计划面临巨大阻力。

【案例思考】

1. 欧洲社会构建的"高福利之梦"为何会破灭？

2. 高福利成欧洲发达国家陷阱的现状给中国带来什么启示？

【案例分析】

本案例呈现出欧洲推行的高福利制度所面临的危机。福利制度是西方增进民众政治认同、维护社会稳定的重要手段。但是，随着2008年全球金融危机和新冠疫情的影响，当代资本主义国家的经济出现了明显的"失调"。在福利制度发达的国家，一些中下层民众拿的救济金甚至比正常工作收入还高，因而失去了工作意愿和动力。随着人口老龄化快速发展，特别是在国际金融危机之后，福利制度使国家财政不堪重负，福利风险不断增加，大多数资本主义国家的高福利制度难以为继。欧洲各国在二战后开始推行高福利制度，这是当代资本主义的新变化。通过案例，我们认识到当代资本主义国家迫于劳动者对实现社会公平的强烈要求和资产阶级维护社会稳定的需要，仍然尽力维持原有社会保障和社会福利水平。随着国民收入再分配的比例加大，劳资矛盾在一定时间、一定范围、一定程度上有所缓和。但是，这并没有从根本上改变劳资矛盾的性质和对立的本质，并随着"福利国家"逐渐走向穷途末路，贫富差距越来越大，社会矛盾也会日益加深。

【教学建议】 本案例适用于第七章第三节"当代资本主义的演变趋势"的"当代资本主义的新变化"内容的教学。通过案例学习，让学生能更深刻地认识当代资本主义新变化的表现和实质，了解资本主义根本无法有效地解决其社会存在的各种矛盾和问题，资本主义逐步衰落成为不可逆转的趋势。

案例5 《资本论》的真理光芒和时代价值①

【案例呈现】

尽管离马克思写作《资本论》已有大约一个半世纪之久，但《资本论》和马克思主义政治经济学并没有过时。远的不说，就从国际金融危机看，许多西方国家经济持续低迷、两极分化加剧、社会矛盾加深，说明资本主义固有的生产社会化和生产资料私人占有之间的矛盾依然存在，但表现形式、存在特点有所不同。国际金融危机发生后，不少西方学者也在重新研究马克思主义政治经济学、研究《资本论》，借以反思资本主义的弊端。由此可见，尽管时代在变化、社会在发展，但马克思主义基本原理依然是科学真理。

正确看待当代资本主义的新变化新特征

习近平总书记强调，世界格局正处在加快演变的历史进程之中，产生了大量深刻复杂的现实问题，提出了大量亟待回答的理论课题。这就需要我们加强对当代资本主义的研究，分析把握其出现的各种变化及其本质，深化对资本主义和国际政治经济关系深刻复杂变化的规律性认识。如何看待当代资本主义的发展与变化，成为迫切需要解决的理论问题和实践课题。

《资本论》给予我们的，就是获得关于现代资本主义社会的科学认识和方法论，掌握合理的批判精神，掌握科学的见解和方法。用《资本论》的原则和方法加强对当代资本主义的研究，能够得出科学的、有时代价值的成果，增强政治经济学的解释世界和改造世界的能力。

资本主义在经过自由资本主义的发展阶段后，在19世纪末20世纪初发展到了新的阶段——帝国主义阶段。这个阶段的显著特征是垄断，

① 张旭.《资本论》的真理光芒和时代价值［EB/OL］.人民网，2018-05-31.

即帝国主义是资本主义的垄断阶段。进入 21 世纪，世界各国的经济危机不断出现，尤其是发端于美国的"次贷危机"席卷全球，2008 年爆发了国际金融危机。世界资本主义的发展陷入了新的困境，呈现出新的特征：

第一，生产的社会化程度进一步加深，生产全球化的发展将全世界比 19 世纪和 20 世纪更紧密地联结在了一起。伴随着生产全球化的是资本的进一步集中，是大垄断集团对全球生产和经营的更严格的控制。而且伴随着跨国公司的发展和国际兼并，世界范围内的生产经营越来越集中在少数大资本集团手中。它们借助庞大的资本力量，控制技术、控制生产、控制流通、控制原料等。

第二，金融的全球化程度进一步加深，金融全球化的发展不断促进着金融资本在全球发展中的控制力。金融组织借助其强大的金融资本和现代信息技术进步所获得的便捷控制力，疯狂掠夺生产过程中所创造的利润，严重威胁着人类生存的物质生产基础，全球虚拟经济的膨胀带来一系列恶果。

第三，贸易的全球化程度进一步加深，等价交换背后的不平等状况更加严重。生产和金融的全球化必然导致贸易的全球化。随着贸易全球化的发展，发达资本主义国家享受了自由贸易的好处却不愿承担相应的国际责任，通过商品交换契约"等价交换"表面上的平等，输出热钱和通货膨胀缓解和转嫁其国内危机，使得广大发展中国家在国际分工格局和国际价值链中始终处于低端、底端。

第四，资本主义生产方式本身的危机不仅没有消除，而且越发频繁。自 20 世纪 30 年代的大危机以来，资本主义经济危机并没有通过资本主义自身的调节机制而消除，而是更加频繁地发生，并且更多地是以金融危机为导火索，这也验证了马克思关于资本主义危机的判断。事实不断地证明，不消除资本主义的基本矛盾，周期性的危机就不会消除。

第五，全球分配的不平等加剧。只要资本主义生产方式依然存在，分配的不平等就会不断加大。新的研究结果也证明了这一点，自 20 世纪 70 年代以来，收入不平等在发达国家显著增加。

第六，技术的进步没有消除资本主义的困境。需要特别注意的是，资本推动的科技发展并不以技术替代劳动为目的，而是以技术的发展加强对劳动的雇佣强度为目的。20 世纪 40 年代以来的第三次科技革命，极大地提高了劳动生产率，也极大地拓展了资本主义的发展空间。20 世纪 80 年代以来的信息技术的井喷式发展和商业化，使得全球被信息网紧密联结在一起。随着围绕信息技术而不断向纵深发展的大规模集成电路、智能制造、人工智能等的普遍应用，导致了生产的技术组织方式发生了深刻变革，资本积累的能力提高了，也导致了劳动人口的相对过剩。资本主义积累的绝对的、一般的规律仍在发挥作用。

第七，资本主义信用制度的发展，使资本虚拟化，出现了虚拟经济，各国经济的金融化日益严重，实体经济的削弱导致了两个极端的结果：金融脱离实体经济和虚拟资本的过度扩张，世界金融体系越发脆弱，金融危机频繁爆发。

当代资本主义出现了很多新变化，对内通过福利制度缓解社会矛盾，对外通过与发展中国家的不对等交换，将自身矛盾和环境污染输出到其他国家，出现了众多的全球性问题。由于资本主义制度的自我调节并没有消除其固有的基本矛盾。因此，资本主义必然灭亡和社会主义必然胜利是不可避免的。

【案例思考】

1. 当代资本主义的新变化新特征的表现是什么？

2. 结合案例谈谈对当代资本主义的新变化新特征实质的认识。

【案例分析】

本案例介绍了《资本论》的当代价值，并运用《资本论》的原则和科学方法分析了当代资本主义的发展陷入的新困境和呈现出的新特征，认为当代资本主义出现了很多新变化，对内通过福利制度缓解社会矛盾，对外通过与发展中国家的不对等交换，将自身矛盾和环境污染输出到其他国家，出现了众多的全球性问题。当代资本主义的困境和问题，并没有得到有效解决。

通过案例，可以使学生认知当代资本主义发生的新变化，从根本上说是人类社会发展一般规律和资本主义经济规律作用的结果，是为了适应科学技术的不断进步和生产社会化程度的不断提高，资本主义生产方式不得不做出自我调节的结果。而当代资本主义发生的新变化，是在其制度基本框架内的变化，资本主义生产关系的根本性质没有改变。当代资本主义陷入的"两难境地"，一方面，为了给资本主义的发展增添生机活力，克服系统性危机带来的各种危害，就必须进行生产关系局部调整，采取各种措施以缓和资本主义基本矛盾和各种社会矛盾；另一方面，为了不改变资本主义制度本身，它的各种调整和自救总是处在自相矛盾中。当代资本主义的"两难境地"说明，任何不触及资本主义制度本身的调整、改良，都不可能真正医治资本主义的"痼疾"，不可能改变其根本性质。

【教学建议】本案例适用于第七章第三节"当代资本主义的演变趋势"的"资本主义向社会主义过渡是历史的必然"内容的教学。通过案例学习，学生能深刻认知解决资本主义社会存在的各种矛盾和问题，不可能靠修修补补的调整和改良，必须进行社会根本制度的更替。适应生产力发展需要，以生产资料公有制为基础的社会主义代替以生产资料私有制为基础的资本主义，是人类社会的必然选择。

四、阅读文献

本章推荐经典文献：

习近平：深刻认识马克思主义时代意义和现实意义　继续推进马克思主义中国化时代化大众化①

中共中央政治局 9 月 29 日下午就当代世界马克思主义思潮及其影响进行第四十三次集体学习。中共中央总书记习近平在主持学习时强调，我们党是用马克思主义武装起来的政党，马克思主义是我们共产党人理想信念的灵魂。发展 21 世纪马克思主义、当代中国马克思主义，必须立足中国、放眼世界，保持与时俱进的理论品格，深刻认识马克思主义的时代意义和现实意义，锲而不舍推进马克思主义中国化、时代化、大众化，使马克思主义放射出更加灿烂的真理光芒。

中国社会科学院信息情报研究院姜辉研究员就这个问题做了讲解，并谈了意见和建议。

中共中央政治局各位同志认真听取了讲解。

习近平在主持学习时发表了讲话。他指出，在人类思想史上，就科学性、真理性、影响力、传播面而言，没有一种思想理论能达到马克思主义的高度，也没有一种学说能像马克思主义那样对世界产生了如此巨大的影响。这体现了马克思主义的巨大真理威力和强大生命力，表明马克思主义对人类认识世界、改造世界、推动社会进步仍然具有不可替代的作用。学习研究当代世界马克思主义思潮，对我们推进马克思主义中国化，发展 21 世纪马克思主义、当代中国马克思主义具有积极作用。

习近平强调，时代在变化，社会在发展，但马克思主义基本原理依然是科学真理。尽管我们所处的时代同马克思所处的时代相比发生了巨大而深刻的变化，但从世界社会主义 500 年的大视野来看，我们依然处

---

① 习近平. 深刻认识马克思主义时代意义和现实意义　继续推进马克思主义中国化时代化大众化 [N]. 人民日报，2017-09-30 (1).

在马克思主义所指明的历史时代。这是我们对马克思主义保持坚定信心、对社会主义保持必胜信念的科学根据。马克思主义就是我们党和人民事业不断发展的参天大树之根本，就是我们党和人民不断奋进的万里长河之泉源。背离或放弃马克思主义，我们党就会失去灵魂、迷失方向。在坚持以马克思主义为指导这一根本问题上，我们必须坚定不移，任何时候任何情况下都不能动摇。

习近平指出，只有民族的才是世界的，只有引领时代才能走向世界。要立足时代特点，推进马克思主义时代化，更好运用马克思主义观察时代、解读时代、引领时代，真正搞懂面临的时代课题，深刻把握世界历史的脉络和走向。新中国成立以来特别是改革开放以来，中国发生了深刻变革，置身这一历史巨变之中的中国人更有资格、更有能力揭示这其中所蕴含的历史经验和发展规律，为发展马克思主义做出中国的原创性贡献。要有这样的理论自觉，更要有这样的理论自信。要立足我国实际，以我们正在做的事情为中心，聆听人民心声，回应现实需要，深入总结中国特色社会主义实践，更好实现马克思主义基本原理同当代中国具体实际相结合，同时也要放宽视野，吸收人类文明一切有益成果，不断创新和发展马克思主义。

习近平强调，世界格局正处在加快演变的历史进程之中，产生了大量深刻复杂的现实问题，提出了大量亟待回答的理论课题。这就需要我们加强对当代资本主义的研究，分析把握其出现的各种变化及其本质，深化对资本主义和国际政治经济关系深刻复杂变化的规律性认识。当代世界马克思主义思潮，一个很重要的特点就是他们中很多人对资本主义结构性矛盾以及生产方式矛盾、阶级矛盾、社会矛盾等进行了批判性揭示，对资本主义危机、资本主义演进过程、资本主义新形态及本质进行了深入分析。这些观点有助于我们正确认识资本主义发展趋势和命运，准确把握当代资本主义新变化新特征，加深对当代资本主义变化趋势的理解。对国外马克思主义研究新成果，我们要密切关注和研究，有分析、有鉴别，既不能采取一概排斥的态度，也不能搞全盘照搬。同时，我们要坚持把自己的事情办好，不断发展中国特色社会主义，不断壮大我国综合国力，充分展示我国社会主义制度的优越性。

习近平指出，回顾党的奋斗历程可以发现，我们党之所以能够不断历经艰难困苦创造新的辉煌，很重要的一条就是我们党始终重视思想建党、理论强党，坚持用科学理论武装广大党员、干部的头脑，使全党始终保持统一的思想、坚定的意志、强大的战斗力。我们要赢得优势、赢得主动、赢得未来，战胜前进道路上各种各样的拦路虎、绊脚石，必须把马克思主义作为看家本领，以更宽广的视野、更长远的眼光来思考把握未来发展面临的一系列重大问题，不断提高全党运用马克思主义分析和解决实际问题的能力，不断提高运用科学理论指导我们应对重大挑战、抵御重大风险、克服重大阻力、解决重大矛盾的能力。要坚持不懈用马克思主义中国化最新成果武装头脑、凝心聚魂，坚定全党马克思主义信仰和共产主义理想，不断提高全党特别是领导干部的理论思维能力和思想政治水平。领导干部特别是高级干部要带头学习，原原本本学习和研读马克思主义经典著作，学习毛泽东思想、邓小平理论、"三个代表"重要思想、科学发展观，学习党中央治国理政新理念新思想新战略，要深入学、持久学、刻苦学，带着问题学、联系实际学，把科学思想理论转化为认识世界、改造世界的强大物质力量，以更好坚持和发展中国特色社会主义。

第八章　当代社会主义

一、理论知识概要

（一）知识结构

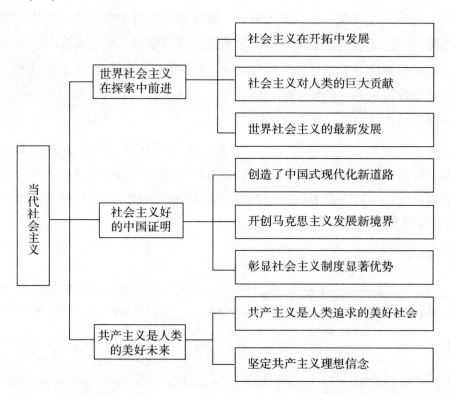

（二）理论知识

社会主义从空想到科学、从理论到现实、从一国到多国，展示出强大的生命力和影响力。回顾过去，世界社会主义在探索中前进，经历了苏联解体、东欧剧变的严重挫折，我们要正确看待当代社会主义的曲折发展，从中汲取历史教训。尽管社会主义发展道路是曲折的，但是社会主义思想的广泛传播、社会主义制度的建立、社会主义运动的蓬勃发展深刻地改变了世界历史的发展进程和人类文明的前进方向。21 世纪以来，世界社会主义焕发出勃勃生机和活力，并随着时代的发展呈现出新的特点和趋势。立足当下，中国特色社会主义开辟社会主义现代化新道路、开辟马克思主义发展新境界、彰显社会主义制度显著优势，是社会主义好的中国证明。展望未来，共产主义是人类追求的美好社会，我们要坚定共产主义理想信念，在为共产主义而努力奋斗的历史进程中书写人生华章。

二、教学重点、难点

（一）教学重点

1. 世界社会主义的最新发展

21 世纪以来，社会主义作为符合人类社会发展趋势的新生事物，表现出强大的科学性和生命力，并随着时代的发展呈现出新的特点和趋势。主要表现为对资本主义的质疑深入制度层面、世界社会主义和左翼力量进一步壮大、中国成为当代世界社会主义的中流砥柱。

2. 社会主义好的中国证明

中国特色社会主义开辟社会主义现代化新道路，开创马克思主义新境界，彰显社会主义制度显著优势，在中华民族复兴史、世界社会主义发展史、人类社会发展史上具有重要意义，是社会主义好的中国证明。

（二）教学难点

1. 正确看待当代社会主义的曲折发展和历史教训

社会主义经历了从空想到科学、从理论到现实、从一国到多国的发展，在实践中反复摸索和开拓，必然会经历不少挫折与挑战，要用辩证唯物主义和历史唯物主义的立场观点方法，科学分析社会主义遇到的曲折，从中汲取历史教训，从而更好地坚持和发展社会主义。

2. 掌握"两个必然"与"两个绝不会"的辩证统一关系，坚定共产主义远大理想和中国特色社会主义共同理想

世界社会主义发展的前途是光明的，但道路是曲折的，不可能一蹴而就，社会主义代替资本主义具有必然性、长期性、复杂性，要坚持"两个必然"与"两个绝不会"的辩证统一，坚信共产主义是人类进步的必然趋势和最终归宿，从而将共产主义远大理想和中国特色社会主义共同理想统一起来，为共产主义理想目标的实现书写人生华章。

三、特色案例

案例 1　苏联解体原因之苏共自身建设、民族问题

【案例呈现】

材料 1：苏共后期脱离群众的历史镜鉴及现代启迪①

勃列日涅夫任职时期，"官僚主义、本位主义、机关专权和独断得到了史无前例的所谓双倍的泛滥"。为了追求干部队伍狭隘意义上的稳定，苏共领导层长期不进行更新和轮换，形成了事实上的领导干部职务终身制。勃列日涅夫批评赫鲁晓夫的干部轮换制，认为"没有道理地调动和更换干部，使工作人员缺乏信心，妨碍了他们充分发挥自己的能

---

① 张树华，张彰. 苏共后期脱离群众的历史镜鉴及现实启迪 [J]. 世界社会主义研究，2021（10）：46-54，115.

力，为不负责任现象的产生提供了土壤"，废除了苏共中央委员会和党委会每次改选必须更换1/3成员的做法。在赫鲁晓夫时期，中央委员连选连任者占49.6%，到苏共二十二大的时候，中央委员连选连任者占79.4%，到苏共二十五大时为83.4%，二十六大时已经上升到90%以上。勃列日涅夫执政时期，中央政治局、书记处的变动更小，18年中只换下12人。

苏共的各级官员按照官职大小、地位高低享受不同的待遇。职务越高，特权越大，享有的种种物质待遇同普通群众之间的差距也越大。特权阶层不仅堂而皇之地享受各种优厚待遇，还利用手中的特权在流通领域中倒买倒卖生产资料和消费品，大发横财。1980年破获的"黑鱼子酱走私案"涉及渔业部、商业部、食品工业部、太平洋舰队等300多名干部，使国家遭受几百万卢布的经济损失。

勃列日涅夫每一次出访都会携带大量价值连城的礼品赠予当地各级官员。而地方官员则回赠给勃列日涅夫大量更为贵重的礼品，如"贵重的胸花、宝石项链、戒指、配有金银枪套的手枪、各种黄金饰品及其他贵重礼品"。送礼之风在苏联社会引发了"金钱至上""金钱万能"的负面效应，各级官员的索贿、受贿成为常态，甚至各级官职都明码标价，花钱可以买官成为公开的秘密。例如，阿塞拜疆共产党区委第一书记20万卢布，第二书记10万卢布，社会保障部部长12万卢布，城市公共事业部部长15万卢布，商业部部长25万卢布，大学校长20万卢布。

与苏共高层奢靡生活形成鲜明对比的是市场里空空如也的货架和等待购物的长队。1989年末，在989种大众消费品中，只有11%的商品能够实现勉强供应。

材料 2：苏联解体 30 年：极端民族主义的滋生、演化与后果①

苏联后期，戈尔巴乔夫在未建立有效的替代架构之前，实行思想与政治"休克疗法"，过早破坏苏联与苏共中央集权，导致地方极端民族主义力量滋生蔓延摧毁苏联。苏联后期极端民族主义滋生表现在如下方面：

第一，极端民族主义组织机构喷涌而出。苏联的政治自由化改革，使得民族主义力量以组织化的形式呈现。这些组织大都以支持改革为由成立，以族裔民族主义知识分子为主体，初期以族裔民族主义面目示人，后发展至民族分离主义等极端形式，成为策动独立的引领性力量，兵不血刃地实现了对各民族地方共产党组织的替代。最具代表性组织的有立陶宛改革运动、拉脱维亚与爱沙尼亚等国人民阵线、格鲁吉亚民族正义联盟等。

第二，民族分离主义运动风起云涌。1986 年 12 月发生阿拉木图抵制科尔宾事件。1987 年 7 月，1944 年被迫迁移的克里米亚鞑靼人在红场和平示威，争取回归权。1988 年 2 月，阿塞拜疆纳卡地区的亚美尼亚人示威要求与亚美尼亚合并，在苏姆盖特等地与阿塞拜疆人发生暴力冲突。摩尔达维亚、格鲁吉亚和吉尔吉斯斯坦也爆发了类似的主体民族和少数民族之间的冲突。

第三，民族冲突此起彼伏。1988—1991 年，苏联爆发至少 150 起民族冲突，造成人员伤亡 20 起。仅在 1991 年，中亚就有 25 次不同的民族冲突。苏联民族冲突种类多样。一是民族地方与中央争斗型。其中 1986 年 12 月阿拉木图事件是中央攻、地方守，波罗的海三国事件是地方攻、中央守，中央软硬（劝说、能源制裁、武力）兼施过后失控，引发其他民族相继独立的"多米诺骨牌效应"。二是民族间领土争端

---

① 程春华. 苏联解体 30 年：极端民族主义的滋生、演化与后果 [J]. 政治学研究，2021（5）：20-40，155-156.

型。如1988年的纳卡冲突。三是外来与本土民族博弈型。如1989年乌兹别克费尔干纳事件（乌兹别克人与麦斯赫特土耳其人冲突），1990年吉尔吉斯奥什州冲突（乌兹别克人与吉尔吉斯人冲突）等。

【案例讨论】

20世纪80年代末90年代初发生的苏联解体，是社会主义从理想变成现实以来遭受的重大挫折，发生这一影响世界的重大历史事件的原因是多方面的，教训是极为深刻的。请你结合材料，分析材料中有哪些是导致苏联解体的原因。通过分析解体原因，你可以总结出哪些值得我们汲取的深刻教训？

【案例分析】

长期放松对苏共执政党的自身建设、不能正确处理和解决民族关系和民族矛盾，是苏联解体的两个重要原因和深刻教训。从苏共执政党建设来说，后期苏共领导层思想僵化和保守，官僚集团满足于现状，反对改革、抵制创新。同时，组织上形式主义、官僚主义严重，作风上特权思想弥漫、享乐主义盛行，导致严重脱离群众，人民的合理诉求长期无法得到满足，大量的社会问题与社会矛盾积累起来。从民族关系和民族问题来看，民族问题是苏联的阿喀琉斯之踵，极端民族主义则是其致命毒箭。苏联长期不能正确认识民族问题并采取正确的手段处理民族问题，甚至纵容敌对势力利用民族问题兴风作浪，从而导致苏维埃主流思想阵地失守，在西方长期意识形态渗透的作用下，极端民族主义与恐怖主义、分裂主义、激进自由主义盛行，催生引爆了苏联国内加盟共和国的民族分离主义浪潮，迅速瓦解了苏联政权的根基。

【教学建议】本案例可用在第八章《当代社会主义》第一节"世界社会主义在探索中前进"第一目"社会主义在开拓中发展中的社会主义遭受严重挫折的历史教训"的教学中。通过案例，引导学生从材料中分析出苏联解体的原因和教训，从而帮助学生正确地看待苏联解体这一重大的社会主义严重挫折，正确认识世界社会主义在探索中前进的曲折性，汲取苏联解体的深刻教训，增强社会主义必将在 21 世纪的中国焕发出强大的生机活力的信心和底气。

案例 2　共同倡议引领世界发展

材料 1：习近平出席中国共产党与世界政党领导人峰会并发表主旨讲话①

2021 年 7 月 6 日，中国共产党与来自世界上 160 多个国家 500 多个政党和组织逾 10000 名代表，举行了中国共产党主办的中国共产党与世界政党领导人峰会。峰会围绕"为人民谋幸福：政党的责任"主题进行深入交流，最终达成《中国共产党与世界政党领导人峰会共同倡议》的广泛共识，会议取得圆满成功。

中共中央总书记、国家主席习近平发表题为《加强政党合作　共谋人民幸福》的主旨讲话。习近平强调，第一，我们要担负起引领方向的责任，把握和塑造人类共同未来。大时代需要大格局，大格局呼唤大胸怀。第二，我们要担负起凝聚共识的责任，坚守和弘扬和平、发展、公平、正义、民主、自由的全人类共同价值。第三，我们要担负起促进发展的责任，让发展成果更多更公平地惠及各国人民。在人类追求幸福的道路上，一个国家、一个民族都不能少。任何以阻挠他国发展、损害他国人民生活为要挟的政治操弄都是不得人心的，也终将是徒劳的！第四，我们要担负起加强合作的责任，携手应对全球性风险和挑战。第五，我们要担负起完善治理的责任，不断增强为人民谋幸福的能力。通向幸福的道路不尽相同，各国人民有权选择自己的发展道路和制度模式，这本身就是人民幸福的应有之义。一个国家民主不民主，要由这个国家的人民来评判，而不能由少数人说了算！

---

① 习近平出席中国共产党与世界政党领导人峰会并发表主旨讲话［EB/OL］. 新华网，2021-07-07.

材料2：多国政党领导人在中国共产党与世界政党领导人峰会上称赞中国共产党是以人民为中心的政党①

作为中国共产党迄今主办的规格最高、规模最大的全球性政党峰会，2021年中国共产党与世界政党领导人峰会上，从与会嘉宾的发言中不难发现，如今国际社会对中国共产党的关注角度正在发生重要变化：从询问"中国共产党能不能、行不行"到渴望了解"中国共产党为什么能、为什么行"；从惊叹"中国共产党能、中国共产党行"到思索"我们怎么做才会也能、也行"。多国政党领导人在中国共产党与世界政党领导人峰会上称赞中国共产党。

古巴共产党中央第一书记、国家主席迪亚斯·卡内尔表示，"我们看到了一个面对巨大挑战，坚守信念又灵活智慧的政党；一个将全面发展、制度建设、法制建设贯穿工作全过程，以人民为中心的政党"。中国有效应对新冠肺炎疫情，成功消除极端贫困，这都是中国共产党回应民众诉求、高效开展工作的结果。

俄罗斯统一俄罗斯党主席、俄罗斯联邦安全会议副主席梅德韦杰夫表示，"中国在极短的时间内战胜了疫情！面对危急情况，中国没有对那些受疫情影响最严重的国家不管不顾，而是尽全力向所有有需要的国家提供帮助"。中国共产党成功找到中国特色社会主义道路，铺就迈向中华民族伟大复兴的道路，领导中国取得令人瞩目的成就。

"全世界没有任何一个政党和政治组织可以取得这样的成就。"塞尔维亚前进党主席、总统武契奇指出，在中国共产党的领导下，超过7亿中国人民实现脱贫，完成了人类历史上最伟大的脱贫任务。中国用短短几十年的时间发展成为世界强国。中国共产党在建设国家过程中激发出的伟大创造力为世界各国带来了启迪和希望。

---

① 多国政党领导人在中国共产党与世界政党领导人峰会上称赞中国共产党是以人民为中心的政党［EB/OL］. 人民日报海外版，2021-07-10.

　　"我读了中国国新办发布的《人类减贫的中国实践》白皮书，书中提到了很多值得纳米比亚和其他发展中国家学习借鉴的有益做法。"纳米比亚人组党主席、总统根哥布表示，纳米比亚将学习借鉴中国的"4+2"工作法以更好推进该国的减贫进程。

　　巴勒斯坦法塔赫主席、总统阿巴斯认为，中国提出的"一带一路"倡议有助于推动世界各国深化经济合作，这一创举体现出中国在为维护各国人民共同利益贡献智慧方面走在了前列。

　　"中国共产党的对外政策不仅提升了中国的国际影响和地位，也吸引了世界各国同中国积极发展友好关系，向中国敞开大门，斯里兰卡就是这些国家中的坚定一员。"斯里兰卡人民阵线党领袖、总理马欣达·拉贾帕克萨道出了许多国家政党领导人的心声。

　　【案例讨论】

　　2021年7月6日峰会通过的"共同倡议"，是继2017年"北京倡议"后的具有国际影响力和广泛认同的全球性倡议，彰显了中国共产党的强大影响力和中国特色社会主义的强大感召力。请你分析材料，回答为什么国际社会对中国共产党的关注角度正在发生重要变化？为何说"中国无愧于世界社会主义运动的中流砥柱之称"？

　　【案例分析】

　　进入21世纪以来，从脱贫减贫到推动抗疫国际合作，从应对气候变化到保护生物多样性，面对当前人类面临的共同挑战，中国方案吸引世界各国政党的目光。此次峰会通过的倡议，是构建人类命运共同体理念在政党合作方面的具体体现，对中国引领当前世界发展走向和推动人类进步事业具有重要意义。中国共产党一直将为人民谋幸福、为民族谋复兴、为人类谋进步作为己任，始终不渝做世界和平的建设者、全球发展的贡献者、国际秩序的维护者。中国作为最大的社会主义国家，已经成为世界社会主义运动的强大动力和中流砥柱，同时也成为全球构建人类命运共同体共促发展的引领者。铁一般的事实已经证明：资本主义世界的旧药方已经不受欢迎，世界重心正在发生偏移。

【教学建议】本案例可用在第八章第一节"世界社会主义在探索中前进"第二目"世界社会主义的最新发展中的中国是当代世界社会主义的中流砥柱"的内容教学。通过对 2021 年召开的中国共产党与世界政党领导人峰会的"共同倡议"和世界政党对中国的关注变化的认识，帮助学生理解中国共产党正以构建人类命运共同体的时代担当，同各国政党和政治组织一道携手创造世界更加美好的未来，中国以铁一般不可辩驳的事实证明中国是当代世界社会主义的中流砥柱。

案例 3　习近平新时代中国特色社会主义思想：
马克思主义中国化新的飞跃、21 世纪马克思主义

材料 1：习近平新时代中国特色社会主义思想实现了马克思主义中国化新的飞跃[①]

党的十九届六中全会通过的《中共中央关于党的百年奋斗重大成就和历史经验的决议》，用"十个明确"进一步对这一思想的核心内容作了系统概括，并指出："习近平新时代中国特色社会主义思想是当代中国马克思主义、二十一世纪马克思主义，是中华文化和中国精神的时代精华，实现了马克思主义中国化新的飞跃。"

这一重大论断科学阐明了这一思想的理论内涵和重大意义，标明了它在马克思主义发展史、中华文明发展史上的重要地位。第一，习近平新时代中国特色社会主义思想坚持把马克思主义基本原理同中国具体实际相结合、同中华优秀传统文化相结合，以原创性理论贡献标注了马克思主义发展的新高度；第二，习近平新时代中国特色社会主义思想深刻回答了新时代坚持和发展什么样的中国特色社会主义、怎样坚持和发展

[①] 黄坤明. 习近平新时代中国特色社会主义思想实现了马克思主义中国化新的飞跃 [N]. 人民日报，2021-11-22.

中国特色社会主义的重大时代课题，实现了对中国特色社会主义建设规律认识的新跃升；第三，习近平新时代中国特色社会主义思想深刻回答建设什么样的社会主义现代化强国、怎样建设社会主义现代化强国的重大时代课题，进一步指明了中国式现代化道路的新图景；第四，习近平新时代中国特色社会主义思想深刻回答了建设什么样的长期执政的马克思主义政党、怎样建设长期执政的马克思主义政党的重大时代课题，指引开辟了管党治党、兴党强党的新境界。

材料 2：习近平新时代中国特色社会主义思想是 21 世纪马克思主义①

21 世纪，人类最伟大的故事发生在哪里，世界社会主义的中心转移到哪里，那个国家的马克思主义最新形态就是 21 世纪马克思主义的主体形态。展望 21 世纪，中国成为 21 世纪马克思主义研究的中心和重镇，伟大的中国样本成为 21 世纪马克思主义聚焦的基础样本，当代中国马克思主义——习近平新时代中国特色社会主义思想成为 21 世纪马克思主义的主体形态，这是历史的大趋势和理论的大逻辑。

习近平新时代中国特色社会主义思想成为"21 世纪马克思主义"，主要根据是：

其一，这一思想的研究对象是世界伟大样本——21 世纪全球最伟大的中国样本。中国样本不同于以美英为代表的西方样本，西方学说解释不了中国奇迹；中国样本不同于以阿根廷、智利为代表的拉美样本，所谓华盛顿共识、新自由主义学说完全不适用于中国；中国样本不同于以日本为代表的东亚样本，所谓儒家资本主义的解释框架解释不了中国；中国样本也不同于传统社会主义模式的苏联样本，他们的社会主义学说不能完全解释当今中国发生的故事。习近平新时代中国特色社会主

---

① 何毅亭．习近平新时代中国特色社会主义思想是 21 世纪马克思主义 [N]．学习时报，2020-06-15（1）.

义思想是 21 世纪正确解读中国奇迹、解码中国样本的唯一科学学说。

其二，这一思想的理论价值具有世界历史意义——为解决人类面临的共同难题提供了中国方案，为建设美好世界贡献了中国智慧。习近平新时代中国特色社会主义思想中蕴涵的构建人类命运共同体理念、"一带一路"国际合作倡议、构建新型国际关系、倡导共商共建共享的全球治理观、构建人类卫生健康共同体等一系列中国主张、中国方案，为解决全人类面临的重大问题提供了思路，为迷茫困惑的世界破解了难题。

其三，这一思想的实践成效深刻改变了中国和世界——新时代中国特色社会主义成为世界社会主义走向振兴的中流砥柱。世界社会主义 500 年历史，经历了从空想到科学、从理论到实践、从一国实践到多国发展、从遭受严重挫折到正在逐渐走出低潮的曲折历程。"只要中国社会主义不倒，社会主义在世界将始终站得住。"今天，中国特色社会主义取得的巨大成功，谱写了世界社会主义 500 年来最精彩的华章，世界上两条道路、两个主义、两种制度的较量正在发生有利于社会主义的深刻变化，科学社会主义的巨大能量在当代中国共产党人的手中再度被激活。

【案例讨论】

十九届六中全会公报指出"习近平新时代中国特色社会主义思想是当代中国马克思主义、21 世纪马克思主义，是中华文化和中国精神的时代精华，实现了马克思主义中国化新的飞跃。"你如何理解"开创马克思主义发展新境界是社会主义好的中国证明"这句话。

【案例分析】

习近平新时代中国特色社会主义思想作为当代中国马克思主义、21 世纪马克思主义，是不断推进马克思主义中国化时代化大众化，开创马克思主义发展新境界的最新理论成果，是不断推进马克思主义理论创新，谱写马克思主义新篇章的思想武器和精神动力，实现了马克思主义中国化新的飞跃。中国共产党为什么能，中国特色社会主义为什么好，归根到底是因为马克思主义行。

【教学建议】本案例可用在第八章《当代社会主义》第二节"社会主义好的中国证明"中第二目"开创马克思主义发展新境界"的教学中。通过对习近平新时代中国特色社会主义思想历史地位的学习和思考，帮助学生理解中国开创了马克思主义发展新境界，是社会主义好的中国证明。

案例4 中西现代化道路对比

材料1：从中西比较的视域把握中国式现代化的动力与优势来源①

西方主导的现代化的两个主要表现：

前一个表现，早期体现于西方国家对殖民地直接的血腥掠夺和压榨。16世纪到19世纪，西班牙从拉美殖民地榨取了250万公斤黄金和1亿公斤白银；葡萄牙同期从巴西至少搜刮了价值6亿美元的黄金和3亿美元的钻石，而其从巴西蔗糖业取得的利润比从开采金矿和金刚钻矿所得利润要大10倍。相伴而生的跨大西洋黑奴贸易，接踵而至的英法德等国对非洲、亚洲殖民地原材料的攫取和市场的宰割，直至20世纪日本帝国主义对中国等亚洲国家的入侵，都是一极积累现代化、一极积累贫穷落后的铁证。时至今日，这一国家间的"两极积累"现象仍然根深蒂固，真正能跨入现代化的非西方国家少之又少。按世界银行统计，1960年的101个中等收入经济体中，到2008年只有13个跨过"中等收入陷阱"成为高收入经济体，其中多数是希腊、爱尔兰、以色列这样的西方成员，以及新加坡等小型经济体和个别资源富集国。

---

① 冯维江. 从中西比较的视域把握中国式现代化的动力与优势来源 ［EB/OL］. 光明网，2021-12-01.

后一个表现，早期体现于英国"圈地运动"、美国"西进运动"等国内统治剥削者对本国劳动阶级、印第安人等被统治被剥削者群体的压迫过程之中。正如马克思所评价的，"对直接生产者的剥夺，是用最残酷无情的野蛮手段，在最下流、最龌龊、最卑鄙和最可恶的贪欲的驱使下完成的。"随着全球主要资本主义国家进入帝国主义这一最高阶段，尖锐的矛盾也促成了各国上层建筑的适应性调整，在把冲突保持在"秩序"的范围以内的同时，国家内部的两极上也容纳并积累起更大规模的现代化因素和落后因素。经济上，表现为皮凯蒂在《21世纪资本论》里揭示的发达国家之中财富和贫穷的积累：法国最富裕的10%人口占有总财富的62%，最贫穷的50%只占有4%；美国最富裕的10%人口占有美国总财富的72%，而底层50%的人口只占有2%。政治上，表现为替大资本家或军工集团代言的党派和靠挑动底层民粹主义情绪来攫取权力的党派之间的否决政治大行其道。

材料2：中国共产党与中国式现代化新道路①

中国式现代化，是人口规模巨大的现代化，意味着比现在所有发达国家人口总和还要多的中国人民将进入现代化行列，从而彻底改写现代化的世界版图；是全体人民共同富裕的现代化，意味着要推动发展成果更多更公平惠及全体人民，不断提高人民群众的获得感、幸福感、安全感；是物质文明和精神文明相协调的现代化，意味着不仅人民物质生活水平不断提高、家家仓廪实衣食足，而且精神文化生活日益丰富、人人知礼节明荣辱；是人与自然和谐共生的现代化，意味着既要创造更多物质财富和精神财富以满足人民日益增长的美好生活需要，也要提供更多优质生态产品以满足人民日益增长的优美生态环境需要；是走和平发展道路的现代化，意味着超越西方一些国家实现现代化的老路，在发展自身的同时造福世界，推动构建人类命运共同体，不断为世界和平与发展

---

① 任理轩.中国共产党与中国式现代化新道路［N］.人民日报，2021-10-28.

注入强大正能量。中国式现代化新道路,既遵循现代化普遍规律,又立足中国国情彰显中国特色,引领时代潮流,弘扬和平、发展、公平、正义、民主、自由的全人类共同价值,对中国发展、世界发展、社会主义发展都具有重大意义。

中国式现代化新道路对中国发展的重大意义,体现在推动中华民族迎来了从站起来、富起来到强起来的伟大飞跃,实现中华民族伟大复兴进入了不可逆转的历史进程。中国之所以在近代落伍,甚至沦落到任人宰割的地步,一个根本性原因就是封建统治者没有察觉到工业革命引发的世界现代化浪潮,一次次错失实现现代化的历史机遇。中国共产党团结带领中国人民创造了中国式现代化新道路,以中国式现代化的奇迹宣告中华民族在经历无数磨难后实现了浴火重生、凤凰涅槃。今天,近代以来中国人民梦寐以求并为之奋斗的伟大梦想已经或正在成为现实,中华民族伟大复兴迎来了前所未有的光明前景,社会主义中国以更加雄伟的身姿屹立于世界东方。

中国式现代化新道路对世界发展的重大意义,体现在给世界上那些既希望加快发展又希望保持自身独立性的国家和民族提供了全新选择,为人类对现代化道路的探索做出了巨大贡献。习近平总书记指出:"一个和平发展的世界应该承载不同形态的文明,必须兼容走向现代化的多样道路。"① "每个国家自主探索符合本国国情的现代化道路的努力都应该受到尊重。中国共产党愿同各国政党交流互鉴现代化建设经验,共同丰富走向现代化的路径,更好为本国人民和世界各国人民谋幸福。"② 中国以自己的成功实践昭示世人:中国式现代化新道路既遵循世界现代化的一般规律,又探索中国作为后发国家走向现代化的特殊规律,极大

---

① 习近平. 坚定信心 共克时艰 共建更加美好的世界:在第七十六届联合国大会一般性辩论上的讲话 [N]. 人民日报, 2021-09-22 (2).

② 习近平. 加强政党合作 共谋人民幸福:在中国共产党与世界政党领导人峰会上的主旨讲话 [N]. 人民日报, 2021-07-07 (2).

丰富了现代化理论、拓展了现代化实践，为广大发展中国家走向现代化提供了有益借鉴、全新选择，为推进世界现代化进程贡献了中国智慧、中国方案。

中国式现代化新道路对社会主义发展的重大意义，体现在让科学社会主义在 21 世纪的中国焕发出强大生机活力，使世界范围内两种意识形态、两种社会制度的历史演进及其较量，发生了有利于马克思主义、社会主义的深刻转变。世界社会主义 500 多年，从空想到科学、从理论到实践、从一国实践到多国发展，反映了人类对美好社会制度的追求，深刻改变着世界发展进程，展现出强大生机活力。但社会主义发展不可能一帆风顺，20 世纪 80 年代末 90 年代初，苏联解体、东欧剧变，"社会主义失败论""历史终结论"一度甚嚣尘上。面对巨大压力和挑战，中国始终没有动摇对社会主义的坚定信念，坚持和拓展中国特色社会主义道路，以创造中国式现代化新道路的成功实践证明了中国特色社会主义的巨大优越性、科学社会主义的强大生机活力。

【案例讨论】

请你结合材料，思考和回答为什么说中国式现代化是有别于西方现代化的新道路？中西方现代化道路有何区别？

【案例分析】

西方现代化是建立在对外殖民血腥掠夺、对内残酷剥削人民的原始积累基础上的。中国式现代化打破了只有遵循资本主义现代化模式才能实现现代化的固定模式，克服了资本主义现代化的固有弊端，为实现现代化提供了一个全新选择。

【教学建议】本案例可用在第八章《当代社会主义》第二节"社会主义好的中国证明"中第一目"创造了中国式现代化新道路"的教学中。通过对中西两种现代化道路的对比，帮助学生理解中国特色社会主义开辟了社会主义现代化新道路，中国式现代化新道路展现了强大的生命力和优越性，对中国发展、世界发展、社会主义发展都具有重大意义。

案例5 社会主义没有辜负中国、中国没有辜负社会主义

材料1：宣言：社会主义没有辜负中国①

习近平总书记在党史学习教育动员大会上深刻指出，对共产主义的信仰，对中国特色社会主义的信念，是共产党人的政治灵魂，是共产党人经受住任何考验的精神支柱，强调党的百年奋斗历程和伟大成就，是我们增强道路自信、理论自信、制度自信、文化自信最坚实的基础。总书记的话语，掷地有声、坚定豪迈，深刻揭示了社会主义、共产主义与百年求索、百年奋斗的内在关系，彰显了中国共产党人沿着中国特色社会主义这条唯一正确道路前进的坚毅和执着。

百年历程，许多人和事仍然历历在目，许多呐喊和高歌犹在耳旁。走过风霜雪雨，创造人间奇迹，我们有义务用胜利告慰先烈：社会主义没有辜负中国！我们有责任让历史告诉未来：社会主义不会辜负中国！

材料2：宣言：中国没有辜负社会主义②

英国伦敦，大英博物馆，1516年出版的莫尔的《乌托邦》一书静静躺在展柜里。同时留在这座博物馆图书阅览室地板上的，是一位伟人厚重的足印。正是这位为人类解放事业奋斗终身的马克思，将社会主义从空想变为科学，从而广泛而深刻地影响了世界，也广泛而深刻地改变了中国。

中国北京，人民大会堂，习近平总书记2016年在庆祝中国共产党成立95周年大会上向世界宣示：中国共产党领导中国人民取得的伟大

---

① 宣言：社会主义没有辜负中国 [N]．人民日报，2021-06-07（1）．
② 宣言：中国没有辜负社会主义 [N]．人民日报，2021-06-08（1）．

胜利，使具有 500 年历史的社会主义主张在世界上人口最多的国家成功开辟出具有高度现实性和可行性的正确道路，让科学社会主义在 21 世纪焕发出新的蓬勃生机。

数百年奔流激荡。曾经苦难深重，如今意气昂扬。在科学真理和崇高理想的指引下，中国大地发生历史巨变，我们无比坚定，社会主义没有辜负中国！在中国共产党领导人民的顽强奋斗中，信仰的光芒熠熠闪烁，伟大的事业青春盎然，我们无比自豪，中国没有辜负社会主义！

【案例讨论】

请你结合材料，思考和回答为什么说社会主义没有辜负中国、中国没有辜负社会主义？

【案例分析】

两篇材料告诉我们，社会主义指引中国找到实现中华民族伟大复兴的正确道路，中国的伟大实践极大地捍卫和发展了社会主义。一百年来，中国人追求社会主义的历史，雄辩地证明：社会主义没有辜负中国！中国没有辜负社会主义！中国必将为人类文明进步、为世界社会主义发展做出更大贡献，必将创造让世界刮目相看的更大奇迹，必将实现共产党人最崇高的伟大理想。

【教学建议】本案例可用在第八章《当代社会主义》第二节"社会主义好的中国证明"和第三节"共产主义是人类的美好未来中坚持共产主义远大理想和中国特色社会主义共同理想有机统一"的教学中。通过对材料的学习和理解，帮助学生坚定走中国特色社会主义道路的自信和底气，坚持远大理想和共同理想的统一，从而引导学生积极投身新时代中国特色社会主义伟大实践之中。

案例6 坚定共产主义理想信念

材料1：如何理解《共产党宣言》把共产主义比喻为幽灵？①

"一个幽灵，共产主义的幽灵，在欧洲游荡。为了对这个幽灵进行神圣的围剿，旧欧洲的一切势力，教皇和沙皇、梅特涅和基佐、法国的激进派和德国的警察，都联合起来了。"以上所引是《共产党宣言》开篇之句。

中国人初读《共产党宣言》（以下简称《宣言》），对第一句话就产生疑问：什么"幽灵""游荡"，令人毛骨悚然，一个堂堂正正的政党在成立的宣言书中怎么会把自己信仰的共产主义说成是"幽灵"呢？是汉语翻译错了，还是另有他因呢？

首先，汉语翻译没有错误。《宣言》在中国传播一个多世纪以来，出版了好几个版本，对"幽灵"一词大致有如下几种译法：1908年的民鸣本译为"异物"；1920年的陈望道本译为"怪物"；1930年的华岗本也译为"怪物"；1938年的成仿吾、徐冰本译为"巨影"；1943年的博古本译为"幽灵"；1943年的陈瘦石本译为"精灵"；1947年乔冠华校成仿吾、徐冰本译为"巨影"；1958年由中央编译局校订、人民出版社出版的《马克思恩格斯全集》中文第1版第4卷译为"怪影"；1964年由中央编译局校订、人民出版社出版的《宣言》单行本译为"幽灵"。1964年后，出版的各种版本都译为"幽灵"，再没有译作其他。

我们知道，在汉语中无论是"幽灵""异物""怪物""精灵"，还是"巨影""怪影"，这些词的意思基本相通，至于译为哪一个词，意思差别不大。

1848年2月《宣言》是用德文首发的，此后，被译出了各种语言

---

① 牛先锋.如何理解《共产党宣言》把共产主义比喻为幽灵？[N].学习时报，2021-
　10-04（4）.

的版本。马克思恩格斯写作《宣言》用的德语词汇是"Gespenst"，可以译为"鬼怪、幽魂、亡灵、幻象、幽灵"等。英文和法文版本都使用"spectre"一词，汉语意思也是"幽灵、鬼魂"等让人害怕恐慌的事物。俄文版本用的是"призрак"，汉语也译为"幽灵、幻影"等。日文版本直接译为"怪物"。据考证，陈望道翻译《宣言》依据的是日文版本，同时也参照了英文版本。所以，陈望道将该词译为"怪物"，这就不足为奇了。

对照马克思恩格斯德文原版和其他文字的版本，可以看出，用"幽灵"一词来翻译，完全没有错误。而且从《宣言》第一句话来分析，把主语译为"幽灵"、谓语译为"游荡"，"幽灵"与"游荡"两词搭配，显得很有场景感，达到了活灵活现的效果。

其次，"幽灵"是旧欧洲反动势力对共产主义的污蔑和攻击。在19世纪中期，机器大生产在欧洲已经普遍发展起来。机器大工业的发展，对欧洲传统经济社会产生三大冲击。一是在冲击传统的农业生产方式的同时，摧毁了封建贵族的统治；二是在冲击传统手工业生产方式的同时，挤压了小私有者的生存空间；三是在冲击传统社会结构的同时，形成了以工业资产阶级和工人阶级为主体的社会两大对立的阶级。在三大冲击下，社会成员的经济和政治地位都发生了改变：贵族和僧侣跌落下圣坛；工业资产阶级上升到统治地位；农民、小农业主、手工业者、小作坊主等则沦为现代的无产者。于是，地位下降的群体开始站在自己的立场上展开了对工业资产阶级的批判，尽管这些群体都声称自己主张社会主义，但这些批判大多只是义愤填膺的谴责与声讨，起到的作用至多也只能是对资本主义弊端的修修补补。

然而，在对资本主义批判的工人阶级中有这样一个群体，他们确信"单纯政治变革还不够而公开表明必须根本改造全部社会"，这部分人把自己称为共产主义者。也就是说，共产主义一产生就不仅限于对资本主义的理论批判，而是要用行动推翻资本主义。

共产主义一出场，就公开宣布用暴力摧毁资产阶级的统治，资产阶级自然就把共产主义当作洪水猛兽看待，指责它是"鬼怪""怪物""幽灵"了。由于共产党人坚信，共产主义要"使整个社会永远摆脱剥削、压迫和阶级斗争"，这必然会引起反动力量的恐惧和仇视。所以，包括资产阶级在内的"旧欧洲的一切势力"，都攻击共产主义是个"幽灵"。

再次，共产主义确实像是以"幽灵"般的方式出场的。《宣言》是马克思恩格斯为共产主义者同盟起草的纲领，共产主义者同盟的前身是正义者同盟，正义者同盟的前身是流亡者同盟。流亡者同盟是由流亡法国的德国政治活动家、工人和手工业者成立的一个秘密革命组织，而正义者同盟是由流亡者同盟中的部分激进分子分化出来组建而成的。正义者同盟成立之后，旋即就参加了1839年的巴黎起义，在起义失败、同盟领导人被捕之后，多数成员流亡英国重建了同盟，并在法国、瑞士和德国建立了支部，成为一个国际性工人组织。正义者同盟建立的目的，就是通过少数人的秘密活动推翻现存制度，提出的口号是"人人皆兄弟"。1847年6月在正义者同盟第一次代表大会上，同盟实现改组，名称改为共产主义者同盟，口号改为"全世界无产者，联合起来"。

1847年11月，共产主义者同盟召开第二次代表大会，马克思恩格斯受委托为同盟起草了纲领，即《共产党宣言》。共产主义者同盟成立之后，立即卷入到1848年欧洲革命风暴之中。3月，同盟在巴黎建立了以马克思为首的中央委员会，制定了德国革命的政治纲领；4月，马克思恩格斯回到德国，亲自指导德国革命。革命受挫后，1849年秋天，同盟领导人重回伦敦聚集，提出要长期积蓄力量准备革命新高潮的到来，而同盟中的激进派主张立即发动革命，1850年同盟分裂。随着1851年科隆共产党人审判案发生，同盟组织遭到破坏，到1852年同盟宣告解散。

从共产主义者同盟的短暂历史可以看出，"共产党人到处都支持一切反对现存的社会制度和政治制度的革命运动"。在法国，它反对保守和激进的资产阶级；在瑞士，它支持激进派；在波兰，它支持土地革命和民族解放；在德国，它反对专制君主制、封建土地所有制和小资产阶级。《宣言》指出"共产主义已经被欧洲的一切势力公认为一种势力"。但事实上共产主义这种势力，无论是流亡者同盟、正义者同盟，还是共产主义者同盟，它们都是秘密组织，不被当局所承认，处于地下活动状态；都主张暴力，并有反对当局的暴力行动；都为流亡人员组成，组织比较松散，活动出没不定。反动当局既要对它进行围剿，又很难掌握其行踪，所以恼怒地称其为"幽灵"。

最后，马克思恩格斯使用"幽灵"一词运用的是反讽的手法。既然旧欧洲的一切反动势力把共产主义描述为恐怖的"幽灵"，又认为"幽灵"已经成为一股势力，要联合起来进行围剿。那么，"现在是共产党人向全世界公开说明自己的观点、自己的目的、自己的意图并且拿党自己的宣言来反驳关于共产主义幽灵的神话的时候了"。

《宣言》反驳道，如果反动势力非要把共产主义说成是"幽灵"的话，那么，这个"幽灵"的降临就是要宣告："资产阶级的灭亡和无产阶级的胜利是同样不可避免的。"就是要宣告："共产主义革命就是同传统的所有制关系实行最彻底的决裂；毫不奇怪，它在自己的发展进程中要同传统的观念实行最彻底的决裂。"就是要宣告："代替那存在着阶级和阶级对立的资产阶级旧社会的，将是这样一个联合体，在那里，每个人的自由发展是一切人的自由发展的条件。"就是要宣告：共产党人的目的"只有用暴力推翻全部现存的社会制度才能达到……无产者在这个革命中失去的只是锁链。他们获得的将是整个世界"。

结合欧洲当时的历史，通读《宣言》后，我们可以得出如下基本结论：马克思恩格斯借用"幽灵"一词，是对旧欧洲的一切势力的反讽和驳斥。共产主义并不是什么看不见、摸不着的"幽灵"，而是现存社会经济关系和阶级斗争状况的真实反映，是资本主义生产方式内在矛盾演变的必然趋势，是人类社会发展的客观规律，是无产阶级和全人类解放的崇高理想。

材料2：宣言：什么是中国共产党，中国共产党干什么①

对马克思主义的信仰，对社会主义和共产主义的信念，是共产党人的政治灵魂，是共产党人经受住各种考验的精神支柱。胸怀崇高坚定的理想信念并为之不懈奋斗，是中国共产党独特的精神标识。

170多年前，马克思、恩格斯就鲜明指出，共产党人的远大理想，就是要建立一个没有压迫、没有剥削、人人平等、人人自由的理想社会。这个理想描绘未来社会将是每个人自由和全面发展的"自由人联合体"，寄托了人类关于美好社会的全部情愫和渴望；这个理想指明从必然王国向自由王国飞跃的途径，不必再像空想社会主义者那样悲天悯人地憧憬着"乌托邦"；这个理想昭示"资产阶级的灭亡和无产阶级的胜利是同样不可避免的""英特纳雄耐尔就一定要实现"。它是崇高的、科学的、坚定的，召唤着无数共产党人向往之、奔赴之、笃行之。

近代以来，面对神州陆沉的悲惨境地，中国人民从未低头屈服强权，从未停止求索光明。马克思主义来到中国，使彷徨无助的先进中国人从世界革命潮流中看到了希望，点燃了他们心中的理想信念之光。主义犹如一面旗帜，引领一代又一代中国共产党人舍命相随，将理想信念的力量注入东方大国的历史血脉，使沉寂已久的神州大地迎来了"一个崭新时代的黎明"，推动这个几近亡国灭种的古老民族走向独立、走向富强、走向复兴。

革命理想高于天。无数共产党人汇聚在信仰的旗帜下，不求显达于世、不求暂得于己，为了理想信念前仆后继、舍生取义。李大钊在绞刑架高呼"共产党万岁"英勇就义，刘仁堪用脚趾血书"革命成功万岁"，王进喜为建设新中国喊出"宁肯少活20年，拼命也要拿下大油

---

① 宣言：什么是中国共产党，中国共产党干什么［N］.人民日报，2022-06-30（5）.

田"，焦裕禄为完成党交给的任务"生也沙丘，死也沙丘"，孔繁森用生命兑现了"青山处处埋忠骨，一腔热血洒高原"的诺言……句句千钧、字字滚烫的呼号疾书，映照的是中国共产党人的精神之魂和心灵密码。他们是主义的献身者、光明的追寻者，用生命和热血熔铸了理想信念的丰碑，铺就了中华民族不断向上登攀的阶梯。

走过千山万水，仍怀赤子之心。党的十八大以来，习近平总书记以一名真正马克思主义者的坚定和执着，始终高扬理想信念的旗帜，示范带动全党打牢信仰之基、补足精神之钙，在理想信念上真正做到虔诚而执着、至信而深厚。在上海中共一大会址、嘉兴南湖红船，在井冈山上、长征沿线、圣地延安……广大党员干部体悟革命历史、重温入党誓词，红色基因自觉传承，初心本色更加鲜亮。在改革发展的一线、脱贫攻坚的战场，廖俊波、黄大年、黄文秀……一个个闪亮的名字，彰显着共产党人的坚守和风骨。在遥远的边疆、祖国的心脏，"清澈的爱只为中国""请党放心，强国有我"的铮铮誓言，于万里长空久久回响。

成功应对重大挑战、抵御重大风险、克服重大阻力、解决重大矛盾，有力推进具有许多新的历史特点的伟大斗争，让一个个"不可能"变成可能，一道道"无解题"得到破解，就是因为我们有着"虽九死而不悔"的坚定信念，有着"行千里于脚下"的执着追求。守正道而开新篇，致广大而尽精微。自信自强、守正创新不但是新时代民族精神的生动写照，更是当代中国共产党人志不改、道不变的铿锵宣示。

理想信念之光照进现实，"东升西降"之势愈加明显，我们有充足的理由坚定道路自信、理论自信、制度自信、文化自信，我们有充足的底气进行人类历史上最有前途的事业、追求理想社会的光荣梦想！

【案例讨论】

请你结合材料，思考和回答有些人对共产主义理想抱怀疑态度，"共产主义渺茫论""乌托邦论"在一段时间流行，你认为共产主义离我们有多远？实现共产主义需要一代又一代人的接力奋斗，在此期间我们应该如何努力？

【案例分析】

从人类历史发展规律来看，共产主义一定会实现。但是共产主义不是轻轻松松、敲锣打鼓就能实现的，也不会是等来的、靠来的，其实现是一个长期而艰巨的过程，需要撸起袖子实干、苦干。只有坚持"两个必然"与"两个绝不会"的辩证统一，坚定共产主义远大理想和中国特色社会主义共同理想，才能让马克思主义在当代中国焕发出强大生机活力。

【教学建议】 本案例可用在第八章《当代社会主义》第三节"共产主义是人类的美好未来"第二目"坚定共产主义理想信念"的教学中。通过分析当前情况和远大目标的辩证关系，帮助学生理解共产主义是人类进步的必然趋势和最终归宿，中国特色社会主义道路是实现社会主义现代化、创造人民美好生活的必由之路，从而将共产主义远大理想和中国特色社会主义共同理想统一起来，在坚持和发展中国特色社会主义的过程中推动共产主义理想目标的实现。

四、参考文献

[1] 宣言：什么是中国共产党，中国共产党干什么 [N]. 人民日报，2022-06-30 (5).

[2] 宣言：社会主义没有辜负中国 [N]. 人民日报，2021-06-07 (1).

[3] 宣言：中国没有辜负社会主义 [N]. 人民日报，2021-06-08 (1).

[4] 弗斯科·贾尼尼. 中国特色社会主义为世界社会主义运动作出巨大贡献 [N]. 光明日报，2021-05-31 (12).

[5] 潘金娥. 动荡变革期的国际共产主义运动砥砺前行：2020——

2021 年国际共产主义运动发展报告［J］. 世界社会主义研究，2021（8）.

［6］牛先锋. 如何理解《共产党宣言》把共产主义比喻为幽灵？［N］. 学习时报，2021-10-04（4）.

［7］潘金娥. 当代社会主义的探索、创新与发展［J］. 马克思主义研究，2018（3）.

［8］华雷. 从《社会主义从空想到科学的发展》看当代社会主义的历史命运［J］. 理论探讨，2017（5）.

后　记

　　本书是"推进思想政治理论课'八个统一'教学实训指导丛书"分册，编写目的在于深入贯彻《习近平总书记在学校思政课教师座谈会重要讲话》和《关于深化新时代学校思想政治理论课改革创新的若干意见》的精神，为高校研究生和博士生思想政治理论课程教学提供参考。为强化"中国马克思主义与当代"课程建设，促进能力培养，优化课程内容，提升教学水平，以增强思想政治理论课教学的针对性与实效性，推进思想政治理论课教学改革和思想政治理论教学从教材体系转变为教学体系做一些尝试与探索。

　　本书在内容架构上，按照"中国马克思主义与当代"（2021 年版）教材的编写章节进行设计，每章包括理论知识概要（知识结构呈现、基础理论一览、重点难点剖析）、教学案例（案例呈现、问题设置、案例分析和教学建议）、教学活动组织、推荐阅读文献及书目四部分。

　　本书是在徐庆生老师主持下编写而成。编写思路与大纲由"推进思想政治理论课'八个统一'教学实训指导丛书"研究组议定，参加本书编写的人员均为本校"中国马克思主义与当代"课程的任课教师。各章执笔人如下：导论：李秋心；第一章：禄开辉；第二章：张艳；第三章：袁泽民；第四章：刘小勤；第五章：者丽艳；第六章：宋静；第七章：陈志鹏；第八章：胡颖。

最后，我们向一直关心和支持"推进思想政治理论课'八个统一'教学实训指导丛书"丛书编写的单位和个人，深表最衷心的敬意和谢意。

编者

2022 年 12 月